常春藤传记馆

温儒敏／主编

U0846385

湘西赤子

沈从文传

李文浩 著

長春出版社
全国百佳图书出版单位

图书在版编目(CIP)数据

湘西赤子:沈从文传 / 李文浩著. -- 长春:长春出版社,2023.1
(常春藤传记馆 / 温儒敏主编)
ISBN 978-7-5445-6917-0

Ⅰ.①湘… Ⅱ.①李… Ⅲ.①沈从文(1902-1988)-传记 Ⅳ.①K825.6

中国版本图书馆CIP数据核字(2022)第215381号

湘西赤子:沈从文传

著　　者　李文浩
责任编辑　高　静　闫　言
封面设计　长春出版社美术设计制作中心

出版发行　长春出版社
总 编 室　0431-88563443
市场营销　0431-88561180
网络营销　0431-88587345
地　　址　吉林省长春市长春大街309号
邮　　编　130041
网　　址　www.cccbs.net

制　　版　佳印图文
印　　刷　延边星月印刷有限公司

开　　本　880毫米×1230毫米　1/32
字　　数　90千字
印　　张　6.375
版　　次　2023年1月第1版
印　　次　2023年1月第1次印刷
定　　价　25.80元

总　序

温儒敏

十多年前，我主持人民教育出版社高中语文教材的编写，其中选修课就专门设置有《中外传记选读》一种，我自己还动手编写了这本教材。因为受高考“指挥棒”影响，一般学校的选修课未必真能让学生自主选修，很多选修教材编出来都没有使用，但《中外传记选读》一直很受欢迎，每年都有重印。这让我对传记的阅读推广有了特别的关注。

我还注意到最近三四年高考语文试题命制的一种趋向，无论全国卷还是其他省市卷，阅读题往往都选传记作为材料。比如今年（2016 年）全国卷的甲、乙、丙三个卷子，文言文阅读的材料全是传记，包括《明史·陈登云传》（甲卷）、《宋史·曾公亮传》（乙卷）和《明史·傅珪传》（丙卷）；现代文阅读的实用类文本也多用传记，节选了《吴文俊传》和《陈忠实传》。可见传记阅读越来越受到重视，考试也有意往这方面引导。

中小学语文教材也应当多选一些传记。现在教育部正组织编写一套新的义务教育语文教科书，聘我担任总主编，这套新教材就选了不少名人传记，并鼓励学生多读传记。

为什么中小学生要多读传记？我曾在《中外传记选读》的前言中说过理由，这里不妨转述一下：

> 同学们都渴望能拥有健全、快乐和成功的人生，现在的学习阶段就在做准备，而且其本身就已经是你人生经历的一部分。我们该怎样设计自己的人生？当然最重要的还是学习。除了学习文化知识，还要从历史人物或者成功的人物身上学习宝贵的生活道理、人生哲学以及获取成功的途径。这就是励志教育，是人生教育中非常重要的部分。人都需要不断添加生活的动力，特别是在年轻的时候，要有偶像和楷模，有高远目标的激励。如同英国思想家培根所说过的："用伟人的事迹激励我们，远胜一切的教育。"让同学们从

那些杰出的成功的人物身上吸取人生的经验，从前人多种人生道路的选择中寻找我们各自的“契合点”，这就是我们设立这门课的主要目的。

这里说的“设立这门课的主要目的”，其实也是我们推出这套“常春藤传记馆”丛书的目的。

“常春藤传记馆”丛书由北京大学语文教育研究所组织编写，长春出版社出版。全套丛书初步设定为100种，每本10万字左右，其选目、内容和写法都是为中小学生“量身定制”的。我们希望这套丛书能作为基本图书进入中小学图书馆。和其他同类传记图书相比，“常春藤传记馆”丛书有四个特色：

一是传主覆盖范围广。包括中外古今各个领域的名人，涉及政治、军事、科学、实业、社会活动、文学、艺术、革命等领域。重点考虑有代表性的、在精神层面可以给学生激励的那些名人。

二是和课程教学有呼应。中小学除了语文，各个学科的教材和教学都会涉及中外古今各个领域的著名人物，选择主题首先考虑这一情况，选取学生有所接触又可能希望进一步了解的那些名人。这可以满足学生不同的兴趣爱好。

三是专门为中小学生编写。本套传记不是专业性强的评传，而是重在勾勒传主生平事业贡献的小传，内容和文字力求深入浅出，生动形象，有趣有味。阅读对象接受水平可以定位在初中程度，也可以稍高一点。特别是有些理科方面的传记，主要面对高中生。其实，小学生的课外阅读也要取法乎上，他们可以读这套为中等文化水平的读者设计的书。

四是内容安排上特别注重励志及健全的人格心理引导培养，在叙说传主生平事迹时，适当地自然地凸显这些方面的思考。

丛书取名“常春藤传记馆”，有特别的含义。“常春藤”是一种多年生常绿藤类灌木。美国哈佛大学等几所著名的私立大学，组成体育联盟，叫“常春藤盟校”，其起名是因为这些老校的校舍墙上常攀缘有常春藤。本丛书以“常春藤传记馆”作为标识，是虚拟的意象，可以联想到著名的学府，也可以联想到古代的书院，从而营造浓郁的阅读氛围和宁静的心境。另外，“常春”和“长春”同音，暗含这套丛书是由长春出版社出版的。

但愿广大师生喜欢这套书，也期盼大家提出批评建议，共同来经营好这套书，让“常春藤传记馆”更好地满足广大读者，特别是中小学生课外阅读的需求，满足语文教学的需求。

2016 年 6 月 30 日济南历下

（温儒敏，山东大学一级教授，北京大学中文系教授，教育部聘义务教育语文教科书总主编）

前　言

沈从文八十六年的人生历程充满着传奇色彩。他的人生经历比大多数现代作家要丰富得多。他逃过学，也参过军；当过作家，也研究过文物；办过刊物，也编过教材；经历过战争，也享受过和平；遭受过诋毁，也受过赞美；走入过绝境，也坚守住了希望。新文化运动的余波将他从懵懂中唤醒，从弃武从文、独自北上的那一刻起，他的一生都在致力于实现借文学复兴国家的梦想。

他捧着一颗赤子之心，通过对湘西人性之美的展现，为老态龙钟、疲惫不堪的民族注入一点“野蛮人”的新鲜血液。他想通过对海派文人的批判，让作者树立诚实的写作态度，创作出承载民族复兴希望的伟大作品。他想通过习作课的打磨，鼓励更多青年走上文学创作的道路。他还想通过细致的文物研究，将这个民族过去的伟大展现在世人的眼前，向全世界彰显傲人的大国气派。

从上述种种方面来看，沈从文并不仅仅是一位谱写湘西牧歌的田园诗人，他是人性的歌者，是黑暗社会的批判者，是励精图治的研究者。

“星斗其文，赤子其人。”这位湘西赤子用文字为读者营造出一个永恒的精神家园。

目录
contents

第一章
凤凰，凤凰！

凤凰：那么远，又那么近

相传，丹穴山上有一种鸟，雄为“凤”，雌为“凰”。凤凰的外形和鸡有些类似，身上满布着五颜六色的花纹，头上的花纹汇成了“德”字，双翅上的花纹组成了“义”字，背上的花纹形成了“礼”字，胸口上的花纹是“仁”字形的，腹部的花纹则分明是“信”字。凤凰也和其他的鸟类一样，受万物滋养，在自然界中飞翔、歌唱、舞蹈，但它们不常进入人们的视野。如果哪天天空中出现它们的身影，那一定是天下太平、国泰民安的大吉之兆。

有人见过凤凰吗？它们究竟是真实的存在，

还是人类的想象？关于这些问题，人们可能有自己的判断。不过，在湖南省湘西土家族苗族自治州的西北部，一座以“凤凰”为名的古城却是真实的存在。相传，这座古城的山中有一种极似凤凰的九头鸟，羽翼斑斓、姿态优美、叫声清越。凤凰古城是否因此得名后人已经难以追索，但这美丽的传说无疑给凤凰古城蒙上了一层神秘的色彩。它长久地吸引着探索者的目光，成为一个离人们极远又极近的“世外桃源”。

说它“远”是因为凤凰独特的地理位置。这么一座小城显然无法与北京、上海相提并论，甚至也无法与长沙、武汉同级而论。你若要觅得它的位置，中国政区图是不够用的，需要找来一幅湖南政区图，沿着沅江向西南方向一路摸索，经过常德，走过怀化，进入湘西……当沅江细化为沱水，“凤凰县”三个字才会映入眼帘。

查找地图太麻烦？那就实地考察吧。前往凤凰古城，无论是搭乘飞机、火车，还是长途汽车，都无法直达，需要在怀化、吉首或铜仁中转。即便游客从长沙开车出发，也需要马不停蹄地奔驰五六个小时。这艰辛的旅途常让人望而却步。

说它“近”是因为凤凰是一个真实的所在，不像桃花源那般虚无缥缈。凤凰古城长久地在人们心中占据着特殊的位置。了解过中国现代文学的读者，也许一时想不起郭沫若、茅盾、巴金的故乡，但总能记住沈从文与凤凰的血肉联系。《边城》的读者，也总会不自觉地把茶峒和凤凰联系起来，书中的茂林修竹、溪水游鱼既时常浮现于脑海，也似乎伸手就可触及。

因为沈从文的文字，“远和近”这一组难以调和的矛盾实现了奇妙的碰撞与融合，凤凰古城也成了不少读者向往的世外桃源。

人们通过沈从文认识凤凰，憧憬着在凤凰觅到沈从文的足音，遇见他笔下的各色人事，却不知，沈从文是凤凰的儿子，没有凤凰就不会有沈从文，而沈从文是凤凰的精魂，凤凰很难孕育出第二个沈从文。

从镇箪到凤凰

沈从文在《从文自传》中提到了凤凰的旧称“镇箪”。镇箪城建于 1700 年，与其他城市由交通、物产、经济等活动决定荣枯不同，镇箪的存在有着极其特殊的意义。这座由坚固巨石垒成的小城，有五千碉堡和五百营汛。这么多的碉堡和营汛都是为了防备苗民和周边绥靖而设置的。20世纪初期，这里的常住人口只有五六千人，可驻扎在城镇周边的军队人数却有七千之多。从碉堡、营汛的繁多和军民人数的悬殊可以看出镇筸在军事上的特殊地位，也可以看出清廷苗防政策的严苛。

据《凤凰厅志》记载，凤凰上古三代为三苗之地。秦汉期间，便是苗族、土家族等少数民族的主要生活场所。镇筸的设立无疑象征着封建王朝对少数民族在政治、军事和文化等各方面的禁锢。

所幸的是，血腥、暴力的争斗在沈从文出生之前已经逐渐平息，各民族在经济、文化、血缘等方面都有了不同程度的融合。这种民族融合给凤凰带来了一些奇特的景观，比如在城镇的西北部，有一些苗人还保留着苗族文化传统的独特性，而其他地区的苗人却开始与汉人交往，他们凭借强健的体魄和过人的胆识参军，也有的开店铺做些买卖营生，或者担任水手，又比如在同一片土地上能看到汉族、苗族、土家族的各民族婚嫁风俗，汉族的“父母之命，媒妁之言”和苗族的山歌定情交织着，汉苗间的通婚也开始出现。

湘西满布的是陡峭的悬崖，湍急的河流，弥漫的瘴气和凶猛的蛇虫。这是一片只有勇者、强者才能够生存的天地。在这里，黑脸的“蛮子”比白面的书生更容易获得赞赏，打架比对诗更能体现实力，投身行伍则象征着整个家族的荣光。

1851 年，洪秀全、杨秀清、萧朝贵、冯云山、韦昌辉、石达开在广西金田村组织、发动反抗清朝统治的太平天国农民起义，其武装力量先后发展到广西、湖南、湖北、江西等省。太平天国一路高歌猛进、所向披靡，清政府却难以应付、屡战屡败。为镇压太平天国，1853 年，曾国藩在湖南招募兵勇，组建湘军，这湘军中的筸军便是由湘西军人组成。常年的争斗使镇筸兵成为清朝绿营中的精锐，他们个个骁勇善战，以舍生忘死著称。除了被曾国藩称为“虎威常胜将军”的田兴恕，还有沈从文的祖父沈宏富。

传奇的家世

从严格意义上说，沈宏富并不是土生土长的凤凰人。他的父亲，也就是沈从文的曾祖父沈岐山一家原居于贵州铜仁白水乡下寨村。1850 年，沈岐山带领全家搬至湖南凤凰黄罗寨中寨，搭了一处简易的草棚住下，以替人守山林为业。关于搬迁的原因，众说纷纭。一种说法是，据传沈从文的九世祖沈思远曾在铜仁任知县，但沈家传至沈岐山这一辈时已经日渐衰落，只能靠做工维持生计，沈岐山搬迁是无奈之举。另有一种说法则更具有传奇性。据说，沈家是周文王之后，沈岐山识得阴阳八卦。他认为“凤鸣岐山”是祥瑞之兆，自己是文王之后，又名为岐山，所以一直希望能找一处和凤凰相关的居所，湘西凤凰则完全符合他的期待。尽管当时的黄罗寨密林环绕、人烟稀少，沈岐山举家搬迁至凤凰却被认为是应了“凤鸣岐山”的吉祥寓意。沈家新居门前有一条官道，官道旁有一条自东向西流淌的小溪，又应了“孔子门前水倒流”的说法。很快，沈宏富带来了沈家的第一个高光时刻。

沈宏富出生于 1837 年，因家境贫寒，以卖马草为生，他身体强健、性情刚烈。他在 16 岁时加入湘军，参加镇压太平天国运动，转战各地，积累了作战经验和领兵才能。1858 年，他在攻克崇仁、乐安、宜黄、南丰的战役中屡立战功，被提升为副将，授予云南昭通镇守使。1860 年，沈宏富以副将身份和田兴恕一起去贵州赴任，田兴恕任贵州提督，沈宏富任总兵。之后，田兴恕因“开州教案”被贬，朝廷任命 25 岁的沈宏富继任贵州提督。后来，他以伤病复发为由辞官还乡，定居凤凰，在 31 岁时因枪伤复发而去世。

沈宏富以自己的生命为赌注换得了清政府战场上的胜利，也换得了自己家族的荣光。据说，沈家旧居——凤凰古城外的黄罗寨，曾是充军到湘西的囚犯的聚居地。在沈宏富发迹之前，史书中难以找到关于沈家先祖的记录，而当他获得功名后，沈家从黄罗寨搬到了凤凰，成为当地的显族。从某些层面上来说，是从军给予了这个家族发迹的希望，因此，沈家的后人对军营又多了一层向往。

特殊的身世

沈宏富少年时期便外出拼杀，又在盛年去世。常年的征战和缠身的伤病剥夺了他享受家庭欢愉的时间，他去世时留下了一幢房舍、一些金银、一份产业和一个寡妇，却没有留下子女。沈家人为了延续他的血脉，按照当地的风俗决定从近亲中为他过继一个儿子。这原本好办，因为沈宏富有一个弟弟，名为沈宏芳，只要从沈宏芳的儿子中挑选一个过继便是了。可是，沈宏芳的妻子迟迟未能生育。好在沈宏富的夫人周氏是个有决断的女子，她替沈宏芳从贵州“娶”回一个姓刘的苗族姑娘。

和苗族联姻在当时是一种比较冒险的行为。苗族毕竟是少数族裔，社会地位不高，而且当时的政策明确规定，有苗族血统的孩子不能参加科举考试，无法在仕途上有所作为。这意味着，如果事情一旦败露，沈宏富用生命换来的家族荣光将会如昙花一现般消逝。可沈家这时已经顾不了这么多，一个将军之家必须有一个男孩来子承父业，光耀门楣。这位苗族姑娘接连为沈家生养了两个男孩，并将第二个男孩过继给了沈宏富的遗孀。

这位苗族女子在沈家血脉的延续上立下汗马功劳，但她的异族身份对于沈家而言是个巨大的隐患，只得将她远嫁他乡，然后在老家黄罗寨的树林里为她修了一座假坟作为纪念。这种不近人情的做法，在当时自然是无奈之举，却反映出封建家族礼教思想的顽固与虚伪，也折射出当时苗族的尴尬处境和潜藏的民族矛盾。将苗女远嫁后，沈宏芳又娶了一名新妇，生养了三个男孩和两个女孩，家族逐渐壮大起来。再说那个过继给沈宏富的孩子，孩子名叫沈宗嗣，字少先，他就是沈从文的父亲。

做将军梦的父亲

可能是希望孩子感念父亲创业的艰难，周氏将年幼的沈宗嗣送回老家黄罗寨，交由姨妈抚养。黄罗寨在城外的深山密林之中，时常有虫蛇猛兽出没。在那儿，年幼的沈宗嗣磕碰摔打是常事，更曾险些遭受老虎的攻击，但这种恶劣的生存环境倒是战士的天然训练场。

湘西尚武的思想和丈夫累积的成就使周氏怀揣着让家中再走出一名将军的梦想。她时常向沈宗嗣讲述沈宏富的英勇事迹，描述他的赫赫战功，使将军梦的种子在沈宗嗣的心中发芽。

沈宗嗣在湘西广阔的天地中自由成长，生得结实、高大、健壮，性情豪放，据说连声音也极好听，像是在喉咙里贴着“笛膜”，天生是一块当将军的好材料。他在10岁左右开始跟随武术教练和私塾先生学习成为将军所必备的武艺、才学与谋略。先天的优势加上后天的修炼，沈宗嗣实现当将军的梦想理应是顺理成章的事，可命运没有眷顾这个怀揣梦想的年轻人。

1900年，沈宗嗣作为天津总兵罗荣光的裨将驻守大沽口炮台，抵抗八国联军，结果却以大沽失守、罗总兵自尽殉国告终。这场战争对沈宗嗣的打击极大。因为沈宗嗣习惯随身携带家中值钱的宝物，所以那次战败毁掉了沈家产业的大半。等到北京失陷，沈宗嗣返回了故乡。

1911年，辛亥革命的风波传到湘西，他反应极快，与同盟会会员田应全、开明绅商张伯春等一道，发动苗族民众响应武昌起义。1912年，凤凰城起义成功，沈宗嗣被推选为临时掌权者，却又出人意料地在省议会代表选举中落选。

又一次的失利使沈宗嗣对成功充满渴望。他急切地希望通过干一件惊天动地的大事来证明自己。他跑到北京意欲刺杀袁世凯，却又走漏了风声，只得流亡关外，长期与家中断了联系。他离开的时候，沈从文才10岁，而等父子俩再相见时已经是 12 年之后的事了。

沈宗嗣一生都在逐梦，却始终未能如愿延续父辈的荣光。他的一生悲剧色彩浓烈，颠沛流离、处处碰壁，但他的戎马梦想和曲折经历却深刻地影响着沈从文。沈宗嗣虽然一早就看出沈从文并不适合当将军，却仍然对他寄予了极大的希望，认为他不管做什么事，都比当个将军强得多。他常向沈从文讲述祖辈的英勇故事和自己的军旅生涯，将他当成家中的中心人物重点培养。年幼的沈从文一旦生病，全家人必定是整夜不眠地守候，要谁抱时，谁就会立刻伸出手。在物质方面，沈家也是竭尽所能将最好的提供给他。父亲的偏爱使沈从文在充满爱的环境中成长，这份爱意使他对故乡充满感情，也使得湘西成为他一生中灵魂的栖所。祖辈的伟绩使沈从文少了一些文人的柔弱，多了一份军人的英武与傲气，这成为他之后闯荡文坛的底气。

文艺基因的注入

当然，沈从文并不只受到父亲一个人的影响。就他的主观感觉而言，母亲对他性格的养成发挥了更大的作用。沈从文的母亲黄英是个瘦小、机敏，同时又富有胆识的土家族女性。和汉族女子多被养于深闺不同，黄英的童年是和兄弟一起在军营度过的。她在北京、上海住过多年，所见的事情极多，所读的书也极多。在当时，一名女子能识字、会读书、有见识、善决断，不仅在湘西，就算是在北京、上海等大城市也是不常见的。这全是因为沈从文外祖父黄河清的培养。

黄河清曾是凤凰头一号新派人物。据说他是凤凰第一个剪去长辫的人。他早年考取过贡生，后来在官学里执教，他曾负责过《凤凰厅志》的编纂，是凤凰当地极有名望的读书人。

虎父无犬子，黄河清的儿子黄镜铭也是凤凰一位响当当的人物。他曾开办过凤凰第一所邮政局和第一家照相馆。黄镜铭曾在北洋政府第四任总理熊希龄的麾下工作，有知识，有见识，有能力，又有探索精神。黄英在父亲和哥哥的影响下养成了聪慧、机警、果敢的性情。

据说，由于沈家在凤凰地位的特殊与优越，有意与沈家联姻的家族有五六家。相亲那天，其他女子都穿红着绿，全身挂满各种金银首饰，只有黄英毫不讲究，穿着一身素净的旧衣，在花枝招展的竞争者的衬托下显得格外清雅、端庄。沈母周氏看到这情景，说：“我要能治家的，不是要好看的。读书人家的女儿持重，‘穷’得爽朗。”黄英和沈宗嗣的婚事就这样被定了下来。

事实证明，周氏的眼光是极好的。黄英虽然不注重打扮，但长相却不赖。光洁的额头，平直的眉毛，大大的双眸，直挺的鼻梁，清晰的唇线，纤细的身型很符合21世纪的审美。更重要的是，黄英不仅长得秀丽，还能读书，懂医术。她在哥哥的影响下成为凤凰第一个会使用照相机的女性。对于科学的了解使得黄英眼界开阔，思想开明。她是一位理想的妻子，兴家立业的能手。

虽然都是当地极有影响的家族，沈家与黄家却有很大的差别。沈家只崇尚武力，黄家则既有作战的实力，又有作诗的才情。黄英的加入，给沈家注入了新的血液和能量，实现了黄家与沈家的强强联合。

体弱的大哥

很快，他们孕育出了第一个孩子，名为沈云

麓。沈云麓体弱多病，“长得古怪”，听力、视力，甚至是嗅觉都有点问题，他的近视度数很深，戴的眼镜厚得像一圈又一圈的玻璃瓶底。他随身携带着手帕，因为眼睛总是流泪，鼻子又总是不通。鼻子的问题影响了发声，说话时总像是有意捏着鼻子，让人听不分明。别人听不清他说话，他也听不清别人说话。如果你非要让他听清什么，需要对着他的耳朵大声地喊。他又爱出汗，总是满头的汗珠，天冷的时候全身冒着热气。真是可怜了他那块身兼数职的手帕，擦眼睛、擦眼镜、擦鼻子、擦汗……久而久之，也就没人能分辨出手帕的颜色了。

沈云麓在形象和身体上没有了祖父和父亲的先天优势，自然无法继承父亲的将军梦想。这样一个先天不足的孩子，没有夭折已经算是不幸中的万幸了。可他却在母亲的教育和舅父的指引下学会了画像，逐渐研习得精妙传神，并最终实现了以卖画养家。这种技艺的习得自然离不开自己的勤奋，但很有可能是继承了黄家的文艺基因。因为黄家稍晚些时候诞生了两个后生，一个名为黄永玉，一个名为黄永厚，两人的绘画造诣均极高。

沈云麓虽然身体不好，口碑却极好。他没有因为身体的劣势而逃避家庭的责任，而是竭尽所能地履行长子职责。侍奉母亲、照顾弟妹的是他；千里寻父，将沈宗嗣从关外接回凤凰的是他；营建“芸庐”，妥帖照顾母亲晚年的是他；古道热肠，接济联大南迁途中众多学者的还是他。新中国成立后，沈云麓被任命为湖南省文物委员会委员。这个先天不足的弱者，成为为家乡办实事的强者，人人都敬重他。俗话说，长兄如父。有沈云麓这么一个好大哥做榜样，沈家的其他孩子绝对也错不了。

神童，或是顽童？

1902 年 12 月 28 日，一个名为沈岳焕的孩子诞生了，这是黄英与沈宗嗣的第二个儿子，也就是后来大名鼎鼎的作家沈从文。

小小的沈从文不仅生得健壮可爱，还天资聪颖。他在成年后曾回忆过祖母周氏在他四个月大时去世的情景，令人惊叹。

母亲发现儿子在记忆力方面有过人之处，便

开始教他认字。通常是，母亲教他认一个字，外祖母就奖励他一颗糖。知识的滋养和饮食的供给使得沈从文肥肥壮壮的，十分可爱。当4岁的沈从文认识了第600个字，他便和姐姐一起去一位和蔼可亲的女先生处读书。因他的聪慧可爱，女先生总让他坐在自己的膝上学习和玩耍。

五六岁的沈从文很喜欢去舅舅家找表哥黄玉书玩。黄玉书在师范学校学音乐和美术。沈从文十分佩服黄玉书。

黄家住在凤凰县文庙街文庙巷。这条巷子长且幽静，所住的人家只有两户。巷子一边是人迹罕至的“考棚”，另一边同样是人迹罕至的文庙建筑群，又因为人迹罕至处处都生满了无序的野草和森森的怪木。太阳下山后，两家住户把大门关上，巷内一片寂静，颇有点荒野古寺的恐怖感。当地流传着一些不知从何产生的传说，说是有人在大白天看见巷子的围墙里伸出长毛的手掌，又说夜里没人的钟鼓楼会自动撞出钟声。这么一来，原本就人迹罕至的街巷更让人望而却步了。

可沈从文总要去找舅舅玩，又总因为玩得高兴不肯回家，玩得太晚了就只得由表哥黄玉书送回。这段常人看来阴森恐怖的路程，在儿时的沈从文眼中却十分有趣。两个男孩总是扯着嗓子唱戏替自己壮胆。那稚嫩的童音配合着咿咿呀呀的戏腔，在古巷的墙上碰撞，产生回声，只怕又成为人们口中鬼怪的叫声了。到了巷口，表哥决定锻炼弟弟的胆量，让他一个人走完剩下的路程，却又极不放心。于是，一个大声询问，另一个高声回答：

“走到哪里了?”

“过闸子口了!”

“走到哪里了?”

“过土地堂了!”

“走到哪里了?”

声音越传越远，越来越小：“过戴家了!”

“到了吗?”

久久没有回答。过一阵子，就能听到小手“啪啪”的拍门声和“吱呀”的推门声。玉书知道弟弟到家了，自己便又唱着戏回了家。

这些琐事被亲历者描绘得清新自然，众人对沈从文的疼爱也可见一斑。按照众人的期盼，这既有学识又有胆识，还讨人喜欢的小家伙很有可能朝将军的方向发展。可一场突如其来的恶疾却降临到了他和弟弟身上，不仅差点要了他的命，还使他的命运朝另一个方向发展了。

这里说到的弟弟是黄英与沈宗嗣的第三个儿子，比沈从文小四岁，名叫巴鲁，大名是沈岳荃，朋友们也叫他沈得鱼。他是沈家三兄弟里最像祖父和父亲的一个，后来成为黄埔军校第三期的毕业生。沈岳荃长得潇洒漂亮，枪法也潇洒漂亮。有一次，他让人在墙根插上了二三十根点燃的香，然后举起驳壳枪，从容地一枪一枪地逐一将香头打熄了。还有一次，他和一个叫刘文蛟的军官打赌。他说自己能击中 20 米外的铜钱。刘文蛟就让自己的儿子用头顶着 20 枚铜钱，站在十几米开外，任他射击。赢了就证明他是神枪手，如若失手将孩子射死了就要赔两箩筐子弹、十杆步枪，再加两挺机关枪。结果自然是沈岳荃证明了自己神枪手的实力。就局外人而言，这种打赌方式很凤凰很炫酷，但沈岳荃却被母亲黄氏狠狠地教训了一顿。顺带一提那个头顶铜钱、“侥幸存活”的男孩，名叫刘鸿洲，长大后也成为一名著名画家。不得不说，凤凰真是一片神奇的土地。

在沈从文六岁、沈岳荃两岁时，他们二人同时出了麻疹。两兄弟经历着高烧与咳嗽的折磨，浑身难受，一家人实在没办法了，便将兄弟二人用竹席卷好，竖立在屋内的阴凉处，期待他们的烧能自然退去。麻疹在今天发病率较低，且诊治较为容易，可在当时却是令人闻风丧胆的疾病，是孩童需要面对的一道劫难，每年因出疹子而夭折的孩童极多。沈家大人们疑心两兄弟闯不过去，还预备下了两口小小的棺材。

所幸的是，兄弟俩的烧渐渐退去了，后来还痊愈了。因为这场疾病，沈家对两兄弟的照顾更加上心，特意请了一位高大健壮的苗族妇人照顾弟弟。那苗族妇人十分能干，照顾得法，弟弟被她养得健硕壮大，比生病之前还要威风了。沈从文却因为这场疾病，完全变了个模样。从前的小胖猪变成了瘦皮猴。连同外貌一起改变的，还有他的性格。他真像猴子一样，变得顽劣了起来。

读书与逃学

家里为了管教他，便将他送入一间私塾学习。旧式私塾对于儿童的管教是极严厉的，规矩也是极烦琐的。先生规定入学的儿童每天一入学就要先向孔子牌位鞠躬，然后再向先生鞠躬，放学时也要依次向孔子牌位和先生鞠躬后才能回家。学习任务的安排也按部就班：早上温书、写字、读生书、背生书、点生书，散学；吃早饭后写大小字、读书、背全读过的温书、点生书，过午；过午后读生书、背生书、点生书、讲书、发字带认字，散学。所学的内容是旧时私塾中的经典篇目《幼学琼林》《孟子》《诗经》等。如若学生不守规矩，或者写不出先生教过的字，背不出先生指定的书，就得要挨一顿板子。不过，因为沈从文在家已习得很多文字，记忆力又好，故并未在私塾中受到多少苛责，可读书的兴趣却在这枯燥的私塾中一点点耗尽了。

后来，他发现有的同学成功地用谎话蒙骗先生，逃学出去玩，便跟着效仿，逃学了一整天。第二天去学堂，先生问他："昨天为什么没来上学?"沈从文说出了早已盘算好的理由："昨天家里请客。"家里来了客人，孩子可以在家陪伴，不用上学。这是凤凰不成文的规矩。先生懂这规矩，所以没有责备他。这微不足道的胜利激发了沈从文对逃学的兴趣。在他小小的头脑中已经想不出还有什么比逃学更好玩、更刺激的了。他在心里细细地盘算：逃学可以看戏、看杀牛、看斗鸡、看斗鹌鹑、游泳、钓鱼、划船、赶集、斗蟋蟀……上学却只能坐在学堂里打瞌睡。逃学被发现也不过是被打板子。所以，与其坐在学堂里“受罚”，还不如打板子“受罚”来得痛快。况且撒谎成功还可以逃过打板子。这简直是一件稳赚不赔的买卖。在想清楚这两种“受罚”的复杂关系后，他开始把全部的心思都放在逃学、撒谎上，至于什么读书，早就不在他的计划之内了。

这样一来，他淘气的性情非但没有改变，反倒是愈加张狂了。第二年，家中只好将他送入了另一间管教更严厉的私塾，希望他顽劣的性格能有所收敛，可惜却事与愿违。在这所私塾中他和几个年龄较大的同学混在一起，学习他们对抗老师的经验。他又极善于自创发挥，一段时间下来，他逃学和撒谎的本领日益“精进”。

为了掩人耳目，他逃学时总是先把书篮藏到土地庙的神龛里，再晃悠到离家较远的地方去看人织绳子、编竹席、下棋、打拳、吵架……市井闲事对他产生了强大的吸引力。他用耳朵和眼睛打量着这个世界，并形成了对社会的最初认识。

小孩子撒谎时总以为自己编排得天衣无缝，实际上在大人眼中早已漏洞百出。沈从文每次逃学总少不了受到塾师和家长的责罚。他时常在孔夫子牌位前罚跪。这罚跪的时光，对于沈从文而言不是一种折磨，而是一种享受。他人虽然跪在那里，心却早已生出翅膀，飞了出去。刚刚被钓离水面的鳜鱼甩动尾巴溅了他一身水，风筝逐个升起悠悠地占满了整片天空，空谷把黄鹂鸟的歌声传了一遍又一遍，红红的橘子把橘树的枝头都压弯了……这些情景像放幻灯片一样在他的头脑中挨个呈现，时间被推到了后面，一炷香的罚跪时间似乎都不够。作家最重要的想象力在这原始的惩罚中得到了有效的锻炼。

沈从文一门心思只想着逃学、玩耍，称赞他明慧的父亲已无法忍受儿子的堕落。有一次，他又因为逃学而撒谎。沈宗嗣勃然大怒，竟拿出刀来吓唬沈从文，说如若再逃学、撒谎，就要砍去他一根手指。可这时的沈从文早已释放了顽劣的天性，并不害怕父亲的恐吓，照例抓住一切机会逃学。

家里只当是教师管教不严格，于是又给他换了一间私塾。这一回却又更合沈从文的心意了。因为新私塾离家很远，上下学沿途全是有趣的景象：针铺、伞铺、剃头铺、皮具店、染坊、豆腐坊、肉铺，还有冥扎铺……各种有趣的景象让他目不暇接。针铺主人是戴眼镜的，总是低垂着脑袋细细地磨针。伞铺收了十几个学徒，做工的时候一齐出动，热闹极了。皮具店老板黑而大的肚皮上有一撮毛。剃头铺一年四季都有生意，顾客需要用手拖住一个木盘配合剃头匠工作。染坊和豆腐坊都是苗族人开的，在染坊里工作的苗族男人强壮有力，在豆腐坊里工作的苗族女人总是边做豆腐边唱歌哄着背上的小宝宝。屠夫有砍不完的肉和骨头。那肉多新鲜啊，躺在砧板上似乎还在跳动。冥扎铺里有金童玉女、房屋轿子、衣服家什、马匹牛羊……个个精致生动、色彩斑斓，让人不禁憧憬另一个世界的美好。

他每天早早地出门，探寻新的事物。学校在北门，他偏要从西门出城，再从南门进城，在城里东晃西晃，再去南门河滩，总之是离北门越远越好。

有时，他能在西门看到戴着脚镣的犯人被押着去挖土。如果足够幸运，他还能找到一具昨天新杀的犯人尸体。每到这时他总会找根木棍或拾块石头，在尸体的头颅上敲上几敲，看看他是否真的死了。不过这么做有一点风险，因为偶尔会碰到啃食尸体的野狗，那就需要狠狠地投一块石头过去，警示那畜生。

他一路走着，玩着，不知不觉就会到达溪边。溪水太诱人了。鞋袜是一出家门就已经脱掉了的，直接踏入溪中就可以享受玩水的乐趣。沈从文一手拖着头顶的书篮，一手拽着裤管，先向溪水中间走，走到水没过膝盖，再跟着溪流的方向，沿着城墙根部走。到了南门河滩就可以仔细研究每天都有的杀牛。因为天天看，久而久之，杀牛的步骤和牛的内脏结构就全被他记清楚了，只是不知何时能真有一头牛供他实践。

到了边街就更好玩了，织簟铺里钢刀破竹的声音爽脆悦耳，竹片在簟工手指尖旋转、飞舞看似凌乱，实则有序，一来二去，也被沈从文看熟了。在铁匠铺做工的是一个小孩，他既能拉得风箱呼呼作响，又能抡动打铁的大锤。他把刀或是农具捶打成型后再用水去淬，“刺啦”一声总让人一惊。最让沈从文走不动道的还要数小饭铺。那些烘得焦香的小鱼干和黄黄绿绿的各式腌菜总是整整齐齐地排列在饭铺的柜台上，一看到沈从文过来，就扯开嗓子卖力地招呼：“我很好吃！快来吃我啊!”

逃学路途中看不完、赏不腻的新鲜事深深吸引着沈从文，但最有趣的时节还是四月的下雨天。这一方面是因为地上湿滑，可以名正言顺地赤脚走路，极大地方便了踏水踩泥；另一方面则是因为漫山遍野的蟋蟀苏醒了，让人心花怒放。在幼时沈从文的观念里，这世界上可能没有其他事能比逃学抓蟋蟀更有趣了。这个抓蟋蟀的行家特别擅长将蟋蟀从春天松软的泥土中赶出，再挨个捕捉，最终留下大的，舍去小的。这样捉捉放放的辛勤“劳作”能持续到下午三点。然后，他会将一天中最杰出的战利品带去城里的老木匠那里，和老木匠的蟋蟀一决胜负。虽然总是战败，沈从文却从不气馁，总是第二天又去发起挑战。

当然，迎接沈从文的也不全是失败。去别人

家果园里偷枇杷、李子时，他就常常获胜。他跑得快，不怕脏，胆子又极大，总是一边品尝窃得的果实，一边唱着山歌气那追不上他的主人。在日复一日的逃学过程中，沈从文的性情越发野了，慢慢地也学会了言语攻击和打架斗狠。为了防止野狗和其他孩子的侵袭，他时常会随身携带一把小刀，有时也会将一节削得锋利异常的竹片插到腰间，似乎随时预备着开展一场你死我活的战斗。儿童间的战斗最初总是以口角的方式呈现的。一个孩子用眼扫视着对手，大声吼着："哪个要来跟老子打架？来呀！"另一个如果不想迎战只需装作没听到，快速低头离开。如果要争一争高下，就一定也要在气势上压制对方："打就打！谁怕谁！"沈从文瘦弱小巧，却并不怕事。遇到这种情况，他自然是要参与决斗的，每次打架时他总能找到和自己身型、年纪差不多的对手较量。又因为身手敏捷，头脑灵活，他打赢的次数远胜战败的次数。就算有时被人绊倒，他也能快速地反身压到对方身上。这种街头的打斗，其实是凤凰人交流的一种方式。不仅儿童间会经常打架，成年的男人和女人之间也会不时打作一团。据说女人打架最好看，故每次总能引起围观。围观者中也有女人的丈夫，他们不会劝架，也不会参与斗争，只会评价谁更有战斗力，谁打得更好。打架时，大家全情投入，将怨气和怒火都挥洒在拳头里，打完后，反倒心中没有了芥蒂。沈从文的朋友随着他打架次数的增多而增加了。一同增加的，还有他因逃学而受罚的次数。

为什么沈从文宁愿挨板子也要选择逃学呢？除了留恋逃学给他带来的一切好处之外，还因为他在学校没有学到他期待的知识。他从不用心念书，却总是能轻松应付各种检查与背诵。他不满足于和普通的学生一样学习一些简单、枯燥的知识，而是渴望去自然界中亲自找寻、检验各种问题的答案。他觉得在学校的学习是读一本“小书”，自然界中的知识才是一本值得一辈子翻阅、领悟的“大书”。这些经历后来被沈从文写进《从文自传》《在私塾》等作品中。

大杀仗！

自然界这本大书中的知识当然远比学校那些小书中的知识丰富。自然界中的老师也比学校中的先生更有趣。在众多老师中，沈从文特别崇拜来自苗乡的表哥。这表哥有着紫色的面庞，住在城外一个叫作长宁哨的乡下。表哥是一位守护碉堡哨所的士兵。因表哥讲义气又勇猛，在当地很有号召力，常能召唤、调动桀骜不驯的苗人。他每次进城来，总会预备一些极合沈从文心意的礼物，有时是一只黄而蓬松的小鸡，有时是一些新奇的苗人故事。在儿时的沈从文心里，表哥极有趣，又无所不知。他日日盼望着表哥的到访，又每每不愿意表哥离去。

日盼夜盼，表哥终于又从乡下进城来了。沈从文高兴坏了，拉着表哥问东问西："乡下的水车怎样车水？碾坊中的稻谷怎样脱壳？碉堡还会照例吹响号角吗？有没有新打到老虎……"可这次却很奇怪，表哥像变了一个人一样，对沈从文非常冷淡。他只顾着去集市上买白色的布带，自己买就算了，还让其他人帮他买，买了足足两大担，还说不够。他把沈从文晾在一边，专找沈宗嗣商量事情，提出要把沈云麓和沈岳荃送到苗乡去，把沈从文的姐姐们藏到乡下的齐梁洞里去。为什么要做这些古怪的举动？沈从文不明白。沈宗嗣却极为认同，全部照做。当天，兄妹四人就全部跟随表哥，和表哥购置的白带子一齐走了。他们要去干什么，开店铺卖白带子吗？沈从文在心里暗暗地想。因为表哥要回乡下，沈从文想起之前表哥答应送他的花公鸡，便在他们临行前特意嘱咐了一句："你再来时，可别忘了答应我的那东西！"可表哥仍然没有回应，真是古怪。

表哥一行人走后，沈宗嗣问沈从文是去苗乡，还是留在城里？沈从文一脸懵懂地回答："什么地方热闹些？"就这样，沈从文和父亲一起留在了凤凰城里。他一会儿兴奋地躲在一旁，看叔父夜里红着脸在灯下磨刀；一会儿偷摸进书房，看父亲擦枪；一会儿又佯装走动，去各屋听长辈神色紧张，断断续续的谈话。"你们是不是预备杀仗？"沈从文终于憋不住，问了出来。可是，还没等到回答就被丫头拖回房间，伏在母亲黄氏的腿上睡着了。

当他第二天醒来时，家中各人的脸上皆换了一副神色。从前因激动而泛出的红而油亮的光消失了，取而代之的是瘆人的灰白。沈从文发现家里少了好些人，除父亲外，其他的男性都不见了。

沈宗嗣的面色也是同样的灰白，他沉默地瘫坐在太师椅上。沈从文想起了昨晚的事，问父亲：“爸爸，爸爸，你究竟杀过仗了没有?”这才得知父亲和表哥打了败仗，全军覆没，死了几千人。“从城边已经抬回了四百多个人头、几大串耳朵、云梯、刀，还有一些别的东西。对河杀得更多，烧了七处房子，现在还不许上城去看。”沈从文听着大人们的交谈，脑海中拼凑出种种图像，数不清的人头，成串的人耳朵……这些场景和他自幼听的战争场景是那么的相似，他又害怕又兴奋，只想找个机会出去看看热闹。

因为沈宗嗣担心表哥的安全，便决定带着沈从文出门察看，这正合沈从文的心意。沈从文于是“有幸”见到了随处可见的成堆人头，有的闭着眼，有的瞪着眼睛，但通通都是肮脏而又狰狞的，沾满了血渍，还有那一串串形状怪异的人耳朵。

沈宗嗣的杀仗失败了，杀戮却并没有停止。城防军开始派兵下乡，四处抓人。抓住人后也不详细盘问，就匆匆牵到北门的河滩上杀掉。于是，河滩上每天都会聚集 20 个左右行刑的士兵，100

具左右的尸体和 30 个左右的看客。

据说官府在向上递交平乱文件时报告的是苗人造反，所以所抓的犯人大多来自苗乡。被捕的人稀里糊涂的，有些绳子也没绑就跟着士兵走了，到达河滩后看到遍地的尸体才知道大事不好，不懂汉语哇哇乱叫的也有，跪下磕头的也有，惊慌乱跑的也有，可不管怎样哀求与逃窜，总会被刽子手追上，丧命于乱刀之下。不过，有时士兵会将没绑绳子，又站得稍远的犯人误认为看热闹的，那犯人也就因此而逃过一劫。

这种麻木又愚蠢的屠杀行为持续了一个月，河滩上的尸体堆积得太快，来不及掩埋，也就任它留在那里。后来杀的人太多了，就有乡绅去和官府商议，请求停止盲目的屠杀，而是有选择性地处置。官方倒是听从了建议，只不过用了一种更荒诞的方式去处理这选择的工作。

凤凰的这一次革命发生于 1911 年 12 月 17 日，受同年 10 月 10 日武昌起义的余波震颤。武昌起义打响了推翻封建帝制的第一枪。在起义胜利之后的一个多月内，十多个省宣告光复或独立。

和武昌起义等不同，凤凰的起义更接近社会

力量主导的暴乱。领头的是地方绅士，主持者是当地的哥老会首领和各苗族首领，冲锋陷阵的是苗人，起义的目的是推翻清政府对凤凰的统治。因清政府暴力对待苗民，各种矛盾积蓄已久，起义呼声一出，应者云集，很快便组织起一支近两万人的队伍，准备深夜在长宁哨起兵后分三路攻城。为求稳妥，起义军还在城内联络起了一些绅士充当内应，以达到里应外合的效果。沈宗嗣作为哥老会的头目，充当着内应者的领导人，表哥进城便是为了通知他起义的时间。

响应势如破竹的武昌起义，这是天时；熟悉凤凰城内、外地形与守军状况，这是地利；苗人、汉人，城内、城外应者云集，这是人和。这样一场集聚了天时、地利、人和的起义却出人意料地失败了。原因似乎是城内的官兵在是否要保护商人的问题上没有达成统一意见，又可能是因为其他原因临时打了退堂鼓，使起义的队伍失去了内应。这场起义虽然以失败告终，却进一步夯实了后续革命的基础。苗、汉联手，终于在 1912 年 3 月结束了清王朝对凤凰的统治。城里各处都高悬着写着“汉”字的白色旗帜，地方的绅士接管了小城的治理权限。沈宗嗣因是起义军的重要领导，此时已成为当地的要员，家中天天车水马龙，有无数人拜访、走动。胜利与荣耀激发了沈宗嗣的将军梦与事业心，但紧接着却在长沙会议代表的竞选中失败。

这时的沈宗嗣已到不惑之年，壮志未酬的凄凉感不免涌上心头，他负气北上。他曾想要刺杀袁世凯，却又东窗事发，不得不隐姓埋名。沈宗嗣走时，沈家最小的九妹刚刚三个月。直到 1919 年，耳不聪目不明的沈云麓历经三年，才终于在赤峰找到父亲，并将他接回湘西，这时的沈宗嗣已经完全没有了锐气。沈宗嗣的出走意味着沈家荣耀的消散和衰落。

沈宗嗣的生平具有传奇性，也极具悲剧性。他在沈宏富留下的荣光中长大，以家族荣耀的延续与发扬为己任，屡败屡战。他的奋斗经历在潜移默化中影响着儿子，使沈云麓、沈从文、沈岳荃多多少少都有了些他的影子。

顽童变形计

沈宗嗣走后，家中对沈从文的管束削弱了几

分。他被送进了城内的第二初级小学。这是一所新式学堂。与旧式私塾颇为不同，这里不背书，也不打人，不仅每天安排了可以去院中玩闹的时间，每七天还能放一天假。有了“放风”的时间，沈从文也就没了逃学的兴致。不过为了饱览沿途的“风景”，他仍常常绕很远的路去学堂。

半年后，黄氏将沈从文转入了城外的第一小学。沈从文更欢喜了。因为新学校屋前屋后全是高山茂林，同学又多有见识。虽然在学校里没有学到什么有用的本领，但沈从文在同学的引导下认识了 30 多种树木、10 多种草药和无数种雀鸟；看熟了烧窑、塑像、打鸟、猎狐、做爆竹；学会了爬树、翻筋斗、划船、钓鱼、挖笋、采蕨、赌博和说脏话。

大哥沈云麓却履行家长的职责，时时来抓沈从文。沈从文偷下河洗澡时，沈云麓会拿走弟弟脱在河边的衣服，迫使沈从文上岸。沈从文赌骰子玩得正起劲时，沈云麓会忽然从后面抓住他的领子，把他捉回家。沈云麓惩罚沈从文时总把沈从文的双手绑住，吊在谷仓里，用鞭子抽打，并罚挨饿。沈从文怪兄长过于严厉，却不明白自己的顽劣行径被亲戚奚落，伤了母亲和哥哥的心。

这样胡闹的日子随着进入高小而告一段落。那一年是 1917 年。受蔡锷讨伐袁世凯战事的影响，小小的凤凰城设置了四个军事学校，包括军官团、将弁学校、学兵营和教导队。自此，就常常能见到充满朝气的军校学生成群结队地在街上走过。连小小的沈从文都感觉到了凤凰城的变化。

在凤凰，当兵是最光荣的事。有人与军校的教官为邻，便请他利用闲暇时间教小孩一些军事技能，一传十，十传百，这私下沟通的非正式“培训机构”很快就吸引了一百多名学生。沈从文发现，在那里受训过的同学，处处都显出与先前不同，更精神，更勇猛了，便也动了参加这预备兵技术班的念头。此时，沈云麓已经离开凤凰去寻找沈宗嗣，沈母正愁无人管教沈从文，便同意了沈从文的从军请求。

沈从文从小听父亲讲述祖父的荣光和各种军营中的有趣故事，早已对军旅生活充满向往与期待。一进入预备兵技术班，从前的顽童就完全变了副模样。不同于以抗拒的态度面对学校和学校中的教员，他对预备兵的教官又敬仰又畏惧。教官姓陈，他仪表威严，永远挺直着腰板，高耸着胸脯。他专业技术过硬，力量惊人，既能远距离倒立行走，又擅长玩杠杆，能在杠杆上翻转四十多次，曾在湖南省杠杆锦标赛中取得过佳绩。他做事公正，不因为沈从文年纪小、身子弱而瞧不起他，因材施教，既不让他吃亏，又不减少他应受的训练。沈从文打心眼里敬佩他，喜欢他，把他视为新式徐良。在陈教官的教导下，沈从文学会了攀杠杆等技术，体魄由柔弱而变得强健，性格上也多了几分坚实而又充满韧劲的军人特色。这些收获在未来的日子里都让沈从文大大受益。

技术班里吸引沈从文的不仅有优秀的教官，还有优秀的同学。班长梁凤生原是沈从文在学校时的班长，现在又做了沈从文在技术班里的小老师。梁凤生在学校时考试就总拿头名，到了技术班后，军事技能也学得极好。他担心沈从文练习翻筋斗时受伤，总帮他收束腰带；在沈从文练习翻杠杆时，又总是小心地守护在旁；当沈从文摔倒时，第一个过来搀扶的也总是他。

和从小养尊处优的沈从文不同，梁凤生的家境不好。他的母亲是个寡妇，靠帮人缝补衣裳拉扯三个儿子。为了帮母亲分担压力，梁凤生结束训练后，总要回家帮母亲干活儿。他帮家里卖甘蔗补贴家用，收入微薄。有时，走街串巷地将一篮子甘蔗全部售完，也只换得三五十个小钱。可就是在这样一种窘迫的生活状态中，他还总是将甘蔗免费送给在路上碰到的同学吃。沈从文曾经在路上偶遇过他两次，两次都得了他的甘蔗。这种真挚的同学情谊，让沈从文十分感动。

除了梁凤生，沈从文在技术班里还有一个志同道合的好友，名叫陈继瑛。陈家离沈家很近，他俩总是形影不离。每当他俩穿着灰色的军服，迈着军人特有的步伐，雄赳赳、气昂昂地在街上行走时，总会有人喊他们“排长”。这种玩笑话，让他俩开心，心中坚信将来可以做成大事。

在这种良好的学习氛围中，13 岁的沈从文收获了很多实用的本领，珍贵的情谊和优良的品格。以前总是逃学的顽童，眼看着就要成长为顶天立地的军人了。

军营中空出了几个守兵的名额，学员们摩拳擦掌，跃跃欲试，沈从文也不例外。他认真地把各项本领展示了一遍：翻杠杆、过天桥、跳木马、踢正步、跑步、卧倒……虽然最后并没有入选，沈从文却并不难过和遗憾，而是真心地为当选的学生高兴。回家后，家人也没有责备他的失利，而是继续坚定地认为他未来可以当将军，且特意杀了一只鸡鼓励这未来的将军。

之后，沈从文又参加过两次守军的选拔，虽然一直未能当选，家人对他的期待却未减弱。他们从沈从文笔挺的军服上，从他日常展现出的军人礼节上，从他振奋的精神风貌上看到了他的转变与进步。

后来，陈教官被调入卫队团当营副，技术班也就解散了。细算起来，技术班的训练只持续了八个月，但沈从文在这八个月中学到的东西，明白的道理却比前面十多年积攒起来的还要多。这时是 1917 年的 4 月。

第二章
从军记

新兵的际遇

沈家的经济状况一日不如一日。在财务方面，为了偿还沈宗嗣欠下的大笔债务，弥补家里的亏空，沈家变卖了各种产业，之前的显赫人家，到这时已然破产。在人力方面，沈云麓身体本就不好，家庭事务几乎全靠黄氏支撑，沈家最聪明、漂亮的二姐死了，全家都沉浸在悲伤之中。沈从文在技术班受到的那些管束，刚习得的军人习惯，随着技术班的解散日益消散，慢慢回归为顽童状态。

家庭的衰败，爱女的离世，大儿子的体弱，二儿子的顽劣……这一切的不如意，均是笼罩在黄氏头上的阴云，她承受着巨大的精神压力。如何带领家庭走出困境，如何帮助儿子走上正途?黄氏深思熟虑之下，选择将沈从文送出去历练，让社会去教导他，让他到生活中去获得知识与教训。黄氏想办法托一位杨姓教官帮沈从文弄得了一个补充兵的名额，在1917年7月16日早晨，送他离开了凤凰。

临行前，黄氏一遍又一遍地嘱咐儿子："这一去也不要你当官发财，只盼你能好好做人。家里已到了这种地步，连这一栋房子也只能保住三五年。三五年后，你在外面做事好，能接济到我和你九妹，那自然是好。"黄氏已把全部希望寄托在了他的身上。

可沈从文此时未满15岁，还处于懵懵懂懂的年纪。面对离别，他难以理会母亲的良苦用心，也无暇顾及与亲人分离的痛苦。他的注意力被对自由的渴望牵引着，感觉到十分快乐。可是，在路途中，他感觉到了些许变化。

有几个坐在轿子里的女孩，还有几名骑在白马上的长官原本都与他相识，此时，却全装作不认识他的模样。他此时已经不再是一个少爷，也不再是众星捧月般的将军的孙子，而只是一个卑微的小卒，不值一提的补充兵。身份的落差使沈从文紧张了起来，也悲哀了起来。他一下子觉得自己卑微了许多，身子缩小了许多，心理的平衡被打破了。

仔细想来，这种由盛转衰的重大家庭变故在中国现代文学史上并不是特例。鲁迅、巴金等作家都曾有过类似的经历。不过，他们在逆境中都做出了正确的人生抉择，直面现实的困境，以笔为刀，大力凿出了人生的一片新天地。鲁迅说，“有谁从小康人家而坠入困顿的吗，我以为在这途路中，大概可以看见世人的真面目。”在这坠入困顿的途中，有冷遇，也有热情。

这时，关心和帮助这小卒的是和他一样身份卑微的人。一名挑担的脚夫不忍看沈从文用小小的身体扛大大的包袱，便主动将他的包袱挑了去，使沈从文能空着双手潇洒地走路；一个中年人怕这小孩无聊，和他畅快地聊了一路，使他忽略了路途的艰难；一位差遣看沈从文踯躅着不敢上船歇息，便带着他觅到了一艘空船，后来又有人招呼沈从文去更舒适的军械船中落脚，使他可以安安稳稳地睡觉。这些普通人给沈从文带来了莫大的感动，也奠定了他以后文学书写的主基调：展现湘西人性的美好。

在辰州

沈从文在船上一住就是好几天，他时刻关心着河中与岸边的种种，几十条大船衔接着航行，摇橹声应和着歌声，岸边小小的村落，成片的竹林，高耸的黑色悬崖……触目成景，入耳为歌的一切让他着迷。

航船终于在辰州靠了岸，军旅生涯真正地开始了！

打扫卫生、整理内务、出操、跑步、踢正步、唱军歌……每日的活动被安排得满满当当的，十分充实。凭借在技术班中接受的训练，沈从文在补充兵的队伍中脱颖而出，担任了班长。

到了一个全新的环境中独自生活，沈从文开始用心打量起这个不一样的世界。他学会了思考与比较。部队纪律严明，做任何事情皆有规矩，都受限制。训练时要服从指令，勤勉守时，和各士兵保持一致。外出时要注重仪表，制服须整齐，扣子须扣齐，腰带须弄紧，裹腿须缠好。谁要是敢胡作非为，就会挨板子。

规矩是规矩，执行是执行。士兵中的城里人是可以随便外出的，乡下人却没能享受这份自由。这种差别被沈从文归结为乡下人胆小，而城里人放肆一些。之后在他的创作中频频闪现的城乡对比意识，此刻已然进入了他的头脑。

他还保留着在凤凰时好奇、爱热闹的性情，喜欢在辰州的街头巷尾闲逛。街边小铺子里陈列的肥肚鱼篓、锋利刀具、精巧烟嘴是那样有趣，他像一位寻宝者仔细摩挲着每一件“宝物”，总也舍不得离开。

他每天总要去城门洞里买汤圆吃。汤圆固然好吃，但借着吃汤圆的机会观察过往的各色人等才更有趣。士兵在吃汤圆时若看到长官，总会立刻放下碗来，举手行礼，也不顾满嘴含着的食物，高喊着“敬礼”。和士兵的慌张形成鲜明对比的是长官的从容，长官往往只需微笑和点头就行。

沈从文陪团长的马夫去大坪里放马、晒太阳、谈闲天，又去附近的中学爬树、翻围墙、看打球。他陪小号兵去城墙上练习小号，顺带着学会了打鼓。他领到了枪支，学会了擦枪、识枪。幸运的话，他能获得陪司令出门拜客的资格，得到五毛钱的奖励。军旅生活虽然没有逃学时那么随意，却也别有一种趣味。

当时，辰州有三支湘西地方势力为靖国联军军政府服务：一支受军政长田应诏统领的第一军；一支由民政长张学济领导的第二军；另一支归旅长卢焘管辖的黔军。这三支队伍之间有着千丝万缕的联系，共同对抗驻扎在常德的冯玉祥。三支军队同属一个联合军政府，彼此间的相处倒也融洽，偶尔因钞票兑现和领取军米发生斗殴事件却在所难免。辰州便是现在的湖南省怀化市北部地区，其时的人居户数不过五千，驻扎士兵却有两万。这种悬殊的军民人数比例在军阀割据的动荡年代并不稀奇。只是，数量如此庞大的军队的一切开支全靠湘西这一隅供给，给湘西民众造成了极大的负担。第一军、第二军、黔军挨个过来拉夫、征粮、收钱，频繁的索取甚至是掠夺，使民众不堪其扰。

随着辰州军事形势的恶化和军民关系的变化，联军领导做出了一项决议：上游各县重新划定防区，军队除沿河驻扎防卫下游侵袭的部署外，其余照指定各县城防驻清乡。“清乡”就是剿匪。沈从文所在队伍的剿匪区域是张学济的老家沅州。

沅州剿匪

沅州现名芷江，曾是闻名的繁华口岸，建有当时全湘西仅有的一座跨沅江大桥。得知要去沅州清乡，士兵们都很高兴。沈从文也特意去买了草鞋、面巾和一把名为“黄鳝尾”的小刀，临行前还特意去城门边吃了一碗汤圆，和众人话别。

队伍先是坐船，后又转步行，行程颇长。得知队伍是来剿匪的，沿途群众都很欢迎，有钱的人家还会用肥鹅、腊肉等上好的酒菜款待士兵。剿匪队伍在行进中时常遭遇伏击，常常是路旁林中响起一声枪声，队伍中的士兵便倒下一个。士兵们一面惊慌，一面寻找凶手，却总是找寻不到，于是个个咬牙切齿，发誓要报仇雪恨。

十天后，队伍终于到了沅州东乡榆树湾。到达目的地的第二天，各处团总就绑来了 40 多个老实的乡下人。过堂、审问、打板子、画押、按手模，一套流程结束，已经决定了 27 个人的死亡。

第二次又杀了5人。之后，各地团总又送人来，又重复之前的步骤，继续审问，继续杀人。被捕者在认罪时需承诺缴纳一定数量的子弹或枪支。这些军械若是无法交来便需缴纳对应的折合款项，款项到位即可取保放人，若无物可呈，又无钱可交，就只能牵出去杀掉。

剿匪与杀人之间似乎存在着天然的联系。队伍在榆树湾待了4个月，一面鼓励团总抓人，一面又不时把团总抓来，一面暗地里安排侦探搜查奸细，一面又大张旗鼓地把奸细牵到人群密集处砍头示众，最后杀了一千余人。在这4个月之中，除了频繁的抓人、审人、杀人，还有两件事给沈从文带来了极大的震撼。

一是两个乡下人在赶集时因仇决斗。两人各执同式样、同颜色、同重量的刀，一刀一刀，生生地互砍，一直砍到其中一人倒地，才结束。

另一件事则体现出沅江人的多情与温柔。当地商会老板的女儿得病去世，随即被埋葬。一位爱慕她良久的豆腐坊老板当晚便将女子的尸身从墓穴中挖出，背到山洞中睡了三天三夜，然后又将尸身埋回坟墓。这离奇的事情败露后，豆腐坊的男子被关押起来，并被判处死刑。行刑前，沈从文见他泰然自若，与其他犯人很不一样，便和他有了一段简短的交流。

“你的脚被谁打伤的?”

“那天落雨，我送她回去，差点儿跟着滚到棺材里去了。”

“你为什么这么做?”

那男子微笑着，望了沈从文一眼，似乎沈从文还是个小朋友，不明白爱是什么，之后，自顾自地轻声说:“美得很，美得很。”

这个离奇的故事和男子的微笑深深地印在了沈从文的记忆里。多年之后，他把这个故事写成了一篇小说，叫《三个男人和一个女人》。小说写成后，不少人以为这故事是沈从文杜撰的，却不知，这个十多岁的小兵早已目睹和亲历了很多其他人一生都难以遇见的人和事。

不久后，沈从文随着部队离开沅州，往怀化去了。

在怀化看杀人

怀化镇在当时是一个有百十户人家的小镇，

远比不上辰州的繁华，但沈从文对这里的第一印象却很好。街边的商铺插着旗子以示对清乡军队的欢迎；士兵们总能用平价的钱购得两倍的货物；药铺为他们提供免费膏药；地方团上每日按时按量供给部队伙食……士兵们吃、住皆如意，舒服极了。

可这舒服的日子却又透着“无聊”，因为士兵除了看杀人，似乎没有什么其他的事可做了。沈从文在《我的教育》中曾详细记录过在怀化的生活。因为念过书，能写字，他谋得了一份上士司书（部队中的文书）的差事，也得到了一个新的名字。

送名字给他的是司令部一位叫肖选青的军法长。这位军法长审犯人时十分严厉，令人畏惧，私下却满脸笑容，和蔼可亲。他问当时还叫沈岳焕的新司书：“师爷，你叫什么名字?”

“沈岳焕。”

“哈，岳焕，岳焕。‘焕乎，其有文章!’[①] 我看，你就叫崇文吧。”

---

① “焕乎，其有文章”出自《论语·泰伯》，“文章”在这里指礼仪制度，用于形容尧功绩的崇高与伟大。

军法长的“即兴创作”间接预言了沈从文接下来的人生。后来沈从文将“崇文”改为了“从文”，以此表示自己弃武从文的决心。就这样，“沈从文”正式登上了历史的舞台。

担任司书需要负责记录和整理清乡的各种事宜以及审土匪的过程，沈从文因此了解了更多审判的细节，对于充满血腥气的清乡也有了全新的认识。

地方团上每日送土匪来。最开始时大家还禁不住好奇心的驱使，争抢着去看土匪，看过后却发现和心中的想象差距极大。说是土匪，却不过是普通人，甚至还不如普通人，一点也不神气、威武。只见送来的那光头土匪，穿着普通的蓝布衣裤，左脚穿着草鞋，右脚却赤着，左脸略肿，不声不响地坐着。

军法长审问道：“他们说你是土匪，不招我打死你。”

土匪说：“冤枉，他们害我。”

军法长反问：“为什么他们不害我？”

土匪辩解：“大老爷明鉴，真是冤枉。”

军法长说：“不招我就打！”

土匪边磕头边说："我实在是好人啊，是团上害我啊。"

军法长就命人把人拖下去打，打了一百下，不招，又打了五百下，还不招。可团上说他是土匪，部队又是来剿匪的，那这土匪自然是该死的。于是，看热闹的众人又将目光投向了杀人，甚至有了几分鉴赏的意味。

在众多看客之中，军法长的表演最为精彩。他先是在法场上匆匆宣布完犯人的罪状，在斩条上用红笔勾画，再火速从后门"撤退"，抄近路登上一个较高的土墩，一番奔波只为抢占最佳位置看犯人的脑袋如何掉落。

杀人俨然成了一场盛大的综艺，一场全民的狂欢。如果哪个犯人有超出一般的表现，或死前说出了豪言壮语，或死后不即刻倒地，都能引起看客们的讨论。在这些讨论中，沈从文也逐渐懂得了一些砍头的门道。比如犯人应单膝下跪或盘膝坐下，只有这样掉头后的尸体才能朝天仰卧，灵魂才能得以投生；又比如犯人应将脖子尽量伸长，这样头才能被刽子手干净利落地砍断，不用反复受折磨。人头落地后，被杀者的悲剧并没有马上终结。他的头颅可能会被人用脚踢，用棍子戳，可能会被提溜到很远的地方，再被丢弃。如果杀人那天遇上赶集，就更热闹了。聚集围观的人数陡增不说，刽子手还会在行刑结束后提着滴人血的砍刀到各肉摊前，挨个割二三斤肉，当晚士兵们便能享用一桌好酒菜。

在看杀人的过程中，沈从文对于生命的认识却慢慢不同了。刽子手杀了人，似乎立刻就忘记了，被杀者的家中也似乎立刻就忘记家中有人被杀的事了，大家继续过着自己的生活。虽然刽子手回营后会在夜里为被杀者烧一些纸钱以减轻罪恶，但那只是一种自古沿袭的行事，并不会引起内心的悲痛和反思。

对于“看”这一动作的解读，常被视为解读鲁迅思想的钥匙。日俄交战，战场却在中国。替俄国人做间谍的中国人被日本人捉住了，要处决示众，围观、起哄的却是一群中国人。鲁迅在看与被看中发现国人精神的麻木，于是弃医从文，希望借助直接作用于人心的文艺来医治国人精神上的病苦。自此之后，鲁迅的作品中多有“看与被看”的痕迹。《示众》中围观的人们看犯人，犯人也看百姓；《铸剑》中围观的百姓看楚王的妃子，妃子也看百姓；《阿Q正传》中围观的群众看阿Q，阿Q也看他们，在这一系列看与被看的关系背后，又隐藏着鲁迅冷峻、深邃的目光。鲁迅借看与被看实现对国民劣根性的批判，沈从文在看的关系中收获了什么呢？

当目睹了生命的逝去和侥幸的存活，这小兵从无意识的看客逐渐成长为有意识的观察者与思考者。人的头颅与鲜血对他的刺激不断减弱，生命的哀戚与沉默对他的触动不断增强。是什么造成了他观念上的变化？此刻的沈从文恐怕也想不明白，但随着一个人的出现，他对自己使命的认识和未来的规划越来越清晰了。

文秘书

这个对沈从文产生重要影响的人姓文，是司令部的秘书官。在沈从文眼中，文秘书是个有趣的人，但在部队中却显得很另类。

在当时，士兵行事、说话都十分粗放。吃饭时，规规矩矩坐着的人很少，大多是一只脚踩在地上，另一只脚踏在板凳上。士兵们一面忙着往嘴里塞饭菜，一面高声谈话。谈话中又总是借“杂种”“苗狗入的”“牛”“小屁眼”“吃糟的”等粗话以示亲切。在这种环境中，规规矩矩做事，客客气气谈话反倒显得生疏和另类了。可是部队中真就来了个“怪人”。

文秘书，名为文颐真，个头小小的，脸白净，手也白净，一到部队里就穿着一身青缎马褂去各处打招呼。他从不说粗话，不管对谁都客客气气的。很多年后，沈从文想起他时，仍对他充满感激，把他视为自己成长道路上的“领路人”。

在和文秘书相遇之前，沈从文也沾染了一些粗鄙的军人习气，开口闭口总是“老子”长“老子”短。文秘书听到后，直摇头：

“啊呀呀，小师爷，你人还那么一点点大，一说话也老子长老子短！”

沈从文说：“老子不管，这是老子的自由。”

文秘书听到这种回答，一点也不恼，仍是和和气气的，沈从文却有点不好意思了，解释说：“这是说来玩的，不损害谁。”

文秘书说：“莫玩这个，你聪明，你应当学好的，世界上有多少好事情可学！”

沈从文不甘示弱地说："那你给老子说说，老子再看看什么样好就学什么吧。"虽然沈从文嘴上仍是"老子""老子"地叫着，声音却不受控制地小了很多。一来二去，两人就成了交换知识的好朋友。沈从文教给文秘书在自然天地中积攒的经验，为他模仿各种动物的叫声，教他分辨各种动物的足迹，告诉他开膛破肚时入刀的角度和被砍下的头颅的沉重。文秘书给沈从文描述火车、轮船的鸣叫，电灯、电话的样貌，告诉他各国士兵的着装，告诉他鱼雷艇和氢气球。伴随着文秘书的讲述，沈从文在头脑中慢慢勾勒出一个全新的迥异于湘西的世界的雏形。

一次偶然的机会，沈从文发现了文秘书的大宝贝——两本字极小，又极厚的书。这书叫《辞源》，20世纪初的读书人手中几乎都备有一套，堪称有中国特色的百科全书。文秘书告诉沈从文："这是宝贝，天下什么都写在上面，你想知道的各样问题，全部写得清清楚楚的。"真有那么神奇吗？沈从文迫不及待地想去翻看，却被文秘书止住了。原来是文秘书怕沈从文弄脏了他的书，让沈从文把手细细洗过之后再来翻阅。读书之前须先洗手，就如同念经之前先焚香沐浴，有了仪式感的加持，这宝贝对沈从文的诱惑就更大了。沈从文在《辞源》中找到了诸葛亮的故事，了解了氢气和参议院，知道了《淮南子》，也发现了“老子”确有其人，特指太上老君。沈从文再也不自称太上老君，对读书的兴趣也越来越浓了。可惜文秘书总是把《辞源》当宝贝一样锁在箱子里。沈从文不能经常翻阅《辞源》，大多时候只能看《秋水轩尺牍》和《西游记》，但这并不妨碍他在梦中与《辞源》相见。

他迫切地想知道外面日新月异的世界，想获得更多更新的讯息和知识。在当时，最先进的媒体是纸媒报纸，所以，沈从文便约上文秘书和另一位老书记，三人各出四毛钱，订了一份《申报》。报纸虽是了不得的东西，能教会他很多事情，但总归太慢，又太少。对于知识的渴望，使沈从文的内心慢慢地发生了变化。

这时，靖国联军的总体部署发生了一些调整。一军长田应诏将部队的统辖权交给了陈渠珍，打破了原有的势力平衡。沈从文所在的第二军在财力和军事实力两个方面都陷入了困境，只好在匆忙中转移，回到了辰州。

到达辰州后，部队中的精锐部分以“援川”的名义奔赴川东开拓新的领地。沈从文因年纪太小，被留在辰州后方坚守。和他一起被留下的还有一个老年副官，一个跛脚副官，一个吸鸦片的书记和 20 名老弱兵士。这些老弱残兵也无力清乡，自部队开拔后，沈从文除每三天誊写一份报告，每月抄一份领饷详册外便无事可做。吃汤圆、看学兵、钓蛤蟆、做饭，日子颇为闲适。他全然不知一场灾难即将到来。

初恋——愁人的美丽

1920 年年底，前去“援川”的主力部队在鄂西遭遇了一支名为“神兵”的队伍的突袭。这支“神兵”相信自己能刀枪不入，拼杀起来格外勇猛，砍杀了 3000 余名官兵，张学济也在被砍 74 刀后离世。第二军除留守辰州的老弱兵士外几乎全军覆没，一大批和沈从文熟识的战友在这场战役中丧命，其中便包括了文秘书和军法长。

朋友死了，队伍没了，沈从文来不及忧伤就领了遣散费，回到了凤凰的家中。在凤凰待了约八个月，沈从文过得并不如意。家中的光景一日不如一日，哥哥北上寻父未归，父亲杳无音讯，母亲日日为维持家中的日常开支犯愁。家中田产已经悉数典当，只能设法托人将房产卖掉，可一时间还没有合适的买家，眼看就要坐吃山空了。此时的沈从文已经不再是只知胡闹的顽童，在军队历练的时日，促使他成长。他将母亲的烦恼看在眼里，并在心里暗暗计划。他迫切地想要找点事做，为母亲分忧。

最终，沈从文选择投奔当时在沅州（今湖南省芷江侗族自治县）当警察所长的堂舅父黄巨川。他在警察局谋得了一个办事员的差事。起初，只负责抄写处罚相关文件，后来又负责填写每天的屠宰税单。这工作若是平常人做，一定会觉得枯燥无比，沈从文却做得津津有味。为调查清楚商户是否有偷税漏税的行为，他每天把全城都走访一遍。将成衣铺、银匠铺、南纸店、丝烟店的各种有趣事情尽收眼底，儿时在逃学途中感受到的快乐似乎又重新回来了。

在沅州，每个人对沈从文都十分尊敬，除了因为沈从文工作认真、踏实，还因为沈从文得到了另一位亲戚的帮衬。这位在沅州名望极高的亲戚便是熊捷三，熊希龄的七弟。熊捷三曾是国会议员，回到沅州后，便成为当地一个顶呱呱的人物了。熊捷三的妻子是沈从文的姨妈，是他母亲黄氏的妹妹。联姻关系，将湘西的名门望族紧紧地联系在了一起。熊捷三和黄巨川是亲戚关系，爱好和旨趣十分一致，来往非常频繁。二人几乎日日都相约作诗。沈从文跟在二人身边，看他们写诗，替他们抄诗，凭借自己的聪慧和努力，不仅书法日益精进，诗歌创作水平也同步提升。熊捷三家中有大量藏书，其中最让沈从文爱不释手的是商务印书馆出版的《说部丛书》。

《说部丛书》是清朝末年至民国期间由商务印书馆出版的一套文学翻译丛书，其中包含英、法、美、日、俄等多国的经典文学作品，为国人接触外国文学作品打开了一扇窗子。鲁迅、周作人、林语堂、钱锺书等作家都曾坦言受到了该套丛书的影响。

在这套书中，沈从文最喜欢阅读的是迭更司（今译“狄更斯”）的作品。《冰雪因缘》（今译《董贝父子》）、《滑稽外史》（今译《尼古拉斯·尼克尔贝》、《贼史》（今译《雾都孤儿》）三部书被他翻来覆去细读了两个月。聪慧的沈从文并没有将阅读停留在故事层面，而是留心书中迥异于中国旧小说的方面。他发现迭更司的小说重现象呈现，而轻道理灌输。虽然小说中包含着一些道理，但迭更司能如同融颜入水将道理包藏在情节里。这种做法恰好与沈从文对事物的观察方法相一致：以一个艺术家的感情接近人生，而不是以道德君子的感情。迭更司的小说在无形之中影响了沈从文之后的文学创作，使沈从文在 20 世纪 30 年代的小说家中脱颖而出。

不过，看小说和写诗仅仅是沈从文日常生活的一个小小的组成部分，他的本职工作仍然是在誊抄各种文件。他很聪明，对待工作又极认真，很快就在沅州提升了美誉度。人人说起沈家的少爷，都会竖起大拇指。

有一天，一个叫马泽淮的少年以姐姐马泽蕙的名义，邀请沈从文去家里玩。沈从文十分诧异，不知马泽蕙为何认识自己。马泽淮说，沈家的少爷在沅州家喻户晓，马泽蕙也经常在家中夸他聪明、能干。沈从文禁不住马泽淮的夸赞，去了马家。回来后，脑中就装下了一个皮肤白皙、体态婀娜的女孩。这时的沈从文已经 18 岁了，对于爱情的憧憬和青春期一起到来了。

马泽淮一眼就看出了沈从文的心事。他总是有意无意地透露出姐姐如何在家中夸奖沈从文，并说自己十分愿意有一位像沈从文这样的姐夫。久而久之，被爱情冲昏了头脑的沈从文便将马泽淮视为了最亲近的朋友，时时请他传递一些情诗。每到这时，马泽淮总会告诉他姐姐对他情诗的肯定和对他爱情的忠贞，让沈从文对这份感情更加坚定。

沈从文为爱忙碌的样子引起了周围人的注意。旁观者清，众人皆不认为这是一段靠谱的姻缘。熊捷三特意将沈从文和沈母黄氏一起接到家中议亲。熊捷三将自己的女儿和另外三个沅州名门望族的女儿一一介绍给沈从文，并表示，他看上谁就可以和谁定亲。沈从文内心非常清楚，这四个女孩都是十分标致、体面的好姑娘，无论是样貌、身材、德行和家世，样样都要强过马家的女子，却仍然无法将心空出来让她们居住。“我不做你的女婿，也不做店老板的女婿。我有自己的计划，我得按照我自己的计划行事。”就这样，沈从文将四个姑娘全拒绝了，一心扑在了与马家姑娘的“恋爱”上。他没日没夜地写情诗，请马泽淮送去，又痴痴地等待马泽淮传递的口信。他从马泽淮口中得知，马泽蕙十分欣赏他的诗作，并坚信这些情诗能成为不朽的文学佳作。与此同时，马泽淮也开始用另一种方式加深他们这未来郎舅间的关系——他开始向沈从文借钱。

沈从文原本对钱是十分在意的。一是因为家道中落，家中不再富裕，二是因为母亲将变卖家产所得的钱财全部交给了他，使他倍感责任的重大。但马泽淮十分讲信用，总是第一天借，第二天还，第三天又借，第四天立马归还。“有借有还，再借不难。”马泽淮极好的偿还习惯让沈从文放松了戒备，总是十分爽快地将钱借给他。

直到有一天，马泽淮连同沈从文写的情诗，连同马泽蕙的音讯全都消失了。沈从文连忙去核对款项，竟发现有一千元钱对不上。这时他才意识到上当受骗了。马泽蕙对沈从文的钟情是马泽淮编造出来的，沈从文的情诗从未到达过马泽蕙的手中，只有沈从文对姑娘的感情和那亏空的一千元是真的，却永远也没有办法找回了。沈从文的离奇初恋就这样戛然而止了。

一千元钱在当时不是个小数目，相当于沈家当时全部财产的三分之一。知道儿子受了骗，欠了亏空，黄氏哭了半年。黄氏哭泣，并不全是因为金钱的损失，而是因为她意识到儿子在性格上的弱点。出了这档子事，沅州是无论如何也待不下去了。沈从文想去北京，却在常德被人留下了。

在常德的日子

使沈从文在常德停留的是他的表哥黄玉书，两人在一家名为“平安”的小客栈偶然相遇。刚到常德就能碰到和自己交情最深的表哥，沈从文非常开心。两人在常德逗留了五个月。在这五个月中，他们除了在客栈休息、吃饭，就是去常德河街上游玩。

常德位于湖南北部，东临西洞庭湖，西靠江西山地，北倚靠鄂西，南拥资水，自古便有“川黔咽喉，云贵门户”之称，十分繁华。因在交通方面处于相当重要的位置，常德的商业十分繁华。那里的河街足有二里长。街上既有客栈、花纱行、油行、铁铺等常见的商铺，也有税务局、商会、行庄等金融机构，其商业生态的完备程度是辰州等地所难以比拟的。沈从文和黄玉书每天总要在这长长的河街中踱上一两个来回，有时随便找个地段蹲下，漫无目的地打量着各种新鲜物件与人事，却不觉得无聊与寂寞，夜幕总是突如其来地降临。

在河街中，沈从文最喜欢一段名为“麻阳街”的街巷。麻阳街临沅江而建，前半部分沿江堤筑墙，后半部分则建为吊脚楼的样式。这种独特的建筑样式方便了街中商户与江上人员的沟通与交流，体现出建筑的艺术与生活的智慧。沈从文中意麻阳街并不是因为其独具特色的建筑风格，而是因为其中各色的商铺。这个自幼就钟情于走街串巷的青年完全被麻阳街中繁忙的商业景观吸引了。

沈从文日日在这街中游走，一面打量着各种新鲜的人事，一面思考着他们的生活和喜忧。因为那时的沈从文已经自认为是一个读书人了，所以他最留意从长沙来的轮船。那些船总会捎来些学生模样的青年。沈从文总是借故靠近他们，仔细观察他们的样貌和行李。他从他们皮箱上贴着的各地旅馆标志中猜测他们的来历，比较他们和他的异同。

有时，他禁不住好奇心的驱使，在城中兜着圈子散步，看染坊工人晾晒布匹，看军人牧马，看当地人的葬礼……

尽管有很多新鲜的事情刺激着他的神经，失败的初恋所带来的负疚感仍然时时纠缠着他。他写了很多充满自责与忏悔的信件回家，希望借此宽慰母亲。母亲却反过来鼓励他："已经做过了的错事，都是可以被原谅的。你自己好好的，我们就放心了。"母亲对他的包容和鼓励引得他更多的感伤和泪水。因为这些信件，他也知道了马泽蕙的新消息。她在去读书的途中，被土匪掳走，做了土匪的压寨夫人。后来，马家用一笔巨款将她从土匪处赎出，将她嫁给了一个黔军的团长。孰料，那团长很快又被杀了，马泽蕙就去教堂做了修女。

得知马泽蕙的近况后，沈从文无心读书、写字和作诗了。如果事情照这么发展下去，也许他与文学的羁绊将会终结，他或许会继续入伍，像他的父亲一样为将军的梦想奋斗不止，但命运却又将他重新推向了写作。因为，表哥黄玉书恋爱了。

沈从文和黄玉书在闲暇之余去拜访在常德一所女子学校里教书的七舅娘，并因此认识了那所学校中的音乐美术教师杨光蕙。杨光蕙和黄玉书是天生的一对，他们都是凤凰人，都研习音乐美术，都前卫时尚、向往自由。两颗年轻的心很快就激荡出火花，互相爱慕了。黄玉书和杨光蕙的自由恋爱在今天看来并不稀奇，在当时却是惊世骇俗的叛逆行为。为了掩人耳目，黄玉书总是拉着沈从文一起去和杨光蕙约会。两人在礼堂聊天、弹琴、画画时，沈从文就负责在外面帮他们望风，主要任务是观察校长蒋老太太的行踪。如果蒋老太太靠近礼堂了，沈从文就立马给他们通风报信。蒋老太太每每经过礼堂，听到里面悠扬的琴声，总要笑着称赞：“‘弹琴’弹得真不错!”“弹琴”和“谈情”谐音。老校长其实早就知道了他们的爱情故事，却不阻拦，在当时也是十分难得的了。这位蒋老太太自然不是一般的人物，她就是著名女作家丁玲的母亲。

黄玉书对杨光蕙爱意浓浓，希望能通过写情书的方式向爱人倾诉衷肠。可惜他文笔不佳，便只好请写得一手好字，又有写情诗经验的表弟代劳。沈从文也从不推脱，总是认认真真地完成表哥托付的任务。情书写好后，黄玉书总对沈从文赞不绝口，夸他："措辞得体，合适，有分寸，不卑不亢，真可以登报发表了！"杨光蕙在收到情书后也是喜笑颜开，连夸"黄玉书"好文采。这替人写信的行为，在有意和无意间增添了沈从文行文的底气，情书中仿他人语气抒发的对自由恋爱的看法，也对他之后的文学创作产生了积极的影响。后来，他把这段经历写在了散文《流光》之中。

在常德的五个月，虽然闲适，却不免为经济问题发愁。沈从文和黄玉书所住的小客栈每日连住宿带餐食一共需要三毛六分钱。这三毛六分钱，单看起来并不是一笔不可支付的金额，连月地累积起来却变成了一笔巨款。沈从文是被人骗了钱负疚离家的，身上自然没有什么钱，黄玉书的全部身家也只有父亲黄镜铭隔一两个月从华北汇来的二三十元钱。这些钱自然不够他俩开支，久而久之，两人就开始靠赊账度日。

当地的规矩是客人如不主动离开，店主就不能对其进行驱逐。因此，客栈老板只好明里暗里地催交房款，并将他们的住处从上等客房调整到杂物间，又从杂物间调整到厕所旁，以此来表达对他们欠账的不满。

黄玉书到底年长，生性豁达，又在外闯荡惯了，面对客栈老板的“问候”和“友待”总是不以为然：“我以为欠了十万八千，这几个钱算什么?”他甚至还拿店主长得略像“发糕”的干女儿开涮：“巴黎的艺术家，不管做什么事都不碍事。有些人欠了二十多年的房钱，到后来索性作了房东的丈夫、女婿，……只是我不太喜欢吃‘发糕’。”

这样的境况，却让沈从文有些不安。他不断催促着表哥去找事做还账。

沈从文知道，在离常德 90 里的桃源，有一个清乡指挥部。那指挥部归属于他之前所在的靖国联军，其中有一支军队的司令名为贺龙。他又了解到凤凰老乡向膺生是和贺龙拜过把子的兄弟，于是便催着黄玉书去找向膺生，托他代为介绍，去清乡部队里谋差事。黄玉书因为割舍不下爱情，不愿去部队。沈从文却是在正经找事干。然而，事情却并没有令人满意的结果。沈从文仍和黄玉书到处“打流”。

后来，沈从文的表弟聂清要调去保靖工作，沈从文想跟他一道。他托一个做小学老师的亲戚担保，暂欠着房费，离开了常德。

去保靖

当时，从常德到保靖，需要走水路。水路航程大约 700 里，沿途多暗流、险滩，行程极为艰难。其中有一段为有鬼门关之称的清浪滩，滩中地形复杂、乱石密布、浪高水急，行驶在其中的船只经常被巨浪托起，抛至空中又骤然落下，人和货物在这惊险的过程中极易被甩入江中。这一趟旅程磕磕绊绊，耗费了 40 天，最后仍以他们所乘船只的触礁而告终。可旅途的漫长与凶险并不使沈从文感觉无聊，反倒是使他体会到了无穷的乐趣。因为负责押船的新朋友曾芹轩实在是世间少有的妙人。

曾芹轩也是镇筸人，那时的年纪大约是 25 岁左右。他有着镇筸人特有的豪爽与勇猛。他说话粗俗，却让人感觉他的赤诚与可爱。他向沈从文描绘他同一切女子的交往，说她们的相貌和性情，后来沈从文作品中，不少地道的湘西俗语和精妙的双关语都是从他口中学来的。

初上船时，沈从文口袋中有一元七角钱，聂清有 20 元钱。可行程刚刚进行了八分之一，这 20 多元的全部家当就已花完。可因为有了彼此的陪伴，有了那些有趣的故事，三人仍有说有笑，并不感觉囊中羞涩的窘迫和北风的寒冷。

从常德去保靖，一路都是自东向西逆流而上，船只行进的速度非常缓慢。遇到上滩时，乘客就得下船沿河岸行走，以减轻船的负重。沈从文他们也常常走到岸上去，循着船夫的足迹前行。有时足迹遁入水中，他们便登山绕道而行。

经过辰州时，三人又上岸了。沈从文难掩兴奋地一路跟他们讲述 4 年前在辰州的见闻。经过一个屠户铺子前，一个大爆竹突然在他们面前炸开，将他们吓得跳了起来。那时是正月初一，四处都在放爆竹。曾芹轩却认定是有屠户铺子里的人在故意捉弄他们，便决定去报仇。他来到屠户铺子前，和和气气地叫门、问好："老板，老板，拜年，拜年！”等到门一打开，便毫不留情地照着开门人的鼻眼间狠狠地打了一拳。曾芹轩打完人还不解气，骂骂咧咧地冲门里吼：“狗东西，把爆竹丢到爷爷头上来了。爷爷打了你，有什么话说？有本事到中南门河边的送军服船上来找我！爷爷我叫曾祖宗。”骂完就拉着沈从文和聂清，哈哈大笑着离开了。他们担心那屠户会来寻仇，特意选了湿柴，拾了石头当武器，又用软牛皮做了护具。可等了大半夜，也没人来找。可能是镇筸人名声在外，也可能是曾芹轩那一拳已把对方打怕了。第二天一早，船离开辰州，继续前行了。

14 天后，他们所乘坐的船触礁了。船只撞上礁石后，缆绳即刻断了，右边侧壁全碎，水在五分钟内就灌了进来，情形十分凶险。沈从文他们用尽各种办法也无法使船靠岸，只能随着支离破碎的船只在水中漂流。约莫漂浮了 3 里后，船只终于幸运地停在了浅滩边。

搁浅处距离保靖仍有四五十里路程，三人接受命运的安排将破碎的船板拆解开来，搭成小棚子过夜。为防止野兽的侵袭，同行的船夫燃起篝火。那天正是正月十五，没有元宵，也没有彩灯，一夜就在篝火和河水的合奏中度过了。

当司书

沈从文之所以愿意冒着如此大的风险去保靖，完全是因为仰慕驻守在保靖的靖国联军第一军司令陈渠珍。

陈渠珍也是湘西凤凰人，他的发迹过程和沈宏富有些类似，都在军旅中崛起。他早年曾在芷江明山书院和沅水校经堂读书，后来又进入保定陆军军官学校。1908 年，陈渠珍入伍川军。1909 年，他因在西藏抗英有功，被任命为援藏军一标三营督队官。1912 年，他回到湘西，得到田应诏赏识，任副参谋长，负责训练军官。1920 年，他接替田应诏统领湘西护国联军第一军，开启了属于自己的时代。他在保靖整顿军纪，整编部队，训练军官，建设军工队、军农队、改革税收、发展经济、办学校、建工厂，致力于统一湘西，打造独立的湘西王国。在陈渠珍的领导下，湘西军队和湘西的面貌都焕然一新。

沈从文在保靖看到职员们在阳光中读书，学生们早起操练，军官们生活简朴而又充满朝气，对陈渠珍心生好感，但他一开始并没有谋得满意的差事。这一来是因为当时的军官偏向于选择苗人、乡下人，或者亲戚作护兵，以便调度和差遣，另一方面则是因为这些军官大多认识沈从文的父亲，不好意思让他来为自己服务。这么一来，在保靖待了将近半年，沈从文仍然没有找到落脚的地方。靠着表弟和朋友们，吃饭和睡觉是不成问题的。在这半年里，沈从文四处闲逛，亲近自然，做些或远或近、虚无缥缈的梦，有时也去部队的书记那里帮忙写些告示、训令和信件，聊以打发时间。有一次，沈从文帮书记写信时遇到了一位姓熊的高级参谋。熊参谋感叹于他字迹的工整和做事的认真，便让沈从文做了月薪 4 元钱的司书。沈从文的工作终于有了着落。

沈从文将长久以来接受的教育、养成的习惯和积累的经验一一应用于这来之不易的工作中。他的字写得端正，不仅自己工作认真、细致，还常常能发现和订正其他人文件抄写时笔画和格式上的错误。这种出类拔萃的业务能力使他从一众司书中脱颖而出。在工作中，沈从文珍惜这来之不易的机会。尽管已经成为司书中最出色的一个，沈从文还是没有停下上进的脚步。他临摹王羲之的字帖，他看报，他对吃穿住用全不讲究，却将每月 4 元的收入积攒起来，在五个月内买了 17 元钱的字帖。

他的勤勉换得了大家的肯定，所有人都对他的书法赞不绝口。沈从文在这些赞美声中收获了无穷的动力，他每夜都趁众人熟睡之际，燃起煤油灯，细心地临帖、誊抄公文。在做这些工作时，沈从文不觉得苦，反倒觉得充实而又快乐。在一笔一画的书写过程中，他感觉到了学习的乐趣和写作的乐趣，这些乐趣比任何一种食物都更能滋养他，使他的生命绽放出光彩。这五个月的誊写工作给他带来了两个好处，其一是培养了他的坐功与耐力，为他之后长期从事伏案工作打下了基础，其二是他因为出色的表现，获得了调入参谋处工作的机会。

参谋处的所在地房屋颇为讲究，连房梁架都是从苗王那里抬来的，使所见之人都感觉惊奇。处里连带沈从文在内一共有 4 位书记员。他们每日的工作就是在方桌旁抄写各种训令、命令。除此以外，还有一些其他部门的书记也不时过来帮忙完成抄写工作。因为做的是自己极感兴趣的工作，同事之间又相互帮衬、相处融洽，沈从文既收获了工作带来的成就感，也收获了不少好朋友。

每月 10 号发了工资后，众人就各自从中拿出一部分来凑在一起买狗肉，或由其中某一人请客，集体去街上吃面。碰到晴朗的好天气，他们便会相约去后山顶或是附近的一处土坡上玩。后山顶是附近的一块高地，它对沈从文等人的诱惑在于征服险峻的快乐和在山顶俯视一切的成就感。攀爬后山顶是趣味盎然的，在土坡游玩则有种心惊胆战之感。这土坡是一片乱葬岗，几乎每天都有一些早逝孩子的尸体被小棺材或蒲草装着埋入这里。既每日都有新增的尸体，又无人看管照应，久而久之就成了野狗和狼觅食的乐园。这些畜生在孩子下葬时蹲坐在周边若无其事地观望，待人一走，便立即将土坟挖开，将那些小小的尸首当成美餐啃啮。为什么土坡上会有那么多狼和野狗，为什么人们任由这些畜生吃人骸骨？当时的沈从文不明白。他只是在每次和同伴去土坡时携一根大木棒，以防止被那些眼神恐怖、獠牙尖利的野兽咬伤。这些野兽俨然已经把土坡当成了理想的栖息地。晚上，土坡上凄凉的狼嚎和后山中骇人的虎啸应和着，在山谷中形成回音，久久不能散去。有时，还夹杂几声猪惨烈的叫声，那是山中的野兽闯入了猪圈。当地人在这些声响的和鸣中照例睡去，似乎这些叫声与风声、雨声并无二致。

除了去山上和坡上游玩，沈从文和朋友们还去街上闲逛，挑选洋袜子、白毛巾、军服和镀金手表，但最吸引他们的还是河边。河边常常停泊着 50 艘小木船的码头，扬着醒目幡旗的税局，供马夫、兵士、商人等各色人等渡河的平底渡船，这些都平添了河流的美。河也极美丽，渡船也极美丽。可能就是在那时，翠翠和爷爷的渡船悄悄地晃进了沈从文的脑海。

日子无风无雨地过了 10 个月，沈从文所在的队伍要派四团人去川东填防，需要一个文件收发员。这份差事落在了沈从文的身上。他高兴地应许了。

扎寨龙潭

去四川对于沈从文而言，是一个挑战，也是一种诱惑。

之前援川队伍在“神兵”奇袭下的全军覆没

给沈从文造成了不小的冲击。他时常想着：如果上次随部队去了四川，现在自己早已经腐烂在泥土里了。上次幸免于难，相当于多赚了几年的寿命，这次就是死在四川也没关系了。

这时的沈从文已经在部队中摸爬滚打了一段时间，凭借着自己的观察力和分析力了解了一些部队中的规则。他知道自己顶着的没落将门之后的光环并不能使他迅速崛起，开创属于自己的功业，要重振家族的声威必须要倚靠掌权的军官。

早在两年之前，沈从文就暗中相中了张子卿，希望通过为他工作进入军队的权力中心，但当时并未能如愿。本次部队开拔去川东，张司令是带队长官，贺龙任警卫团团长，军队的实力可见一斑。沈从文认定，在入川军队中工作对于他而言是一次十分重要的机会。

很多人选择入川是为了收获钱财，好回乡成亲。在湖南的军队中，沈从文的薪水扣去伙食费是 4 元钱一个月，去四川却能拿到 9 元钱，但他对钱财却并不在意。凝结在他心头的是怀才不遇之感。如龙盘曲，如凤深藏。他自信自己在各方面都极有天赋，有胜于旁人的地方。就像一颗被装在匣中的珍宝，等待着盒子被打开，又像是被困在田地里的千里马，等待着伯乐的出现，他所需要的只是一个被赏识、认可和培养的机会。为了获得这样一个机会，他愿意付出全部的努力。

三天之后，部队便启程朝四川奔去。

临行前，沈从文照军中的惯例领得了一个月的工资。他用那 9 元钱换回了一双丝袜、半斤冰糖。为了轻装上阵，他将棉被、棉絮送了人，只留了旧棉袄、旧夹袄、手巾、鞋子、筷子、牙刷、搪瓷碗等简单的生活物资。随身携带的行李中，值钱的全是字帖和书，其中包括《云麾碑》《圣教序》《兰亭序》《虞世南夫子庙堂碑》，还有一部《李义山诗集》。仔细算来，当时他傍身书籍的总价已经超过了 20 元钱，真是一笔不可小觑的资产了。在不知不觉中，书籍已经成了沈从文日常生活的必需品。

部队行进得很快，在 6 天时间内跨越了三个省份，从湖南茶峒过湖南边境，取道贵州松桃，又到四川秀山。第七天，他们在川东的龙潭驻扎了下来。

在这一趟旅途中，部队在茶峒停留了两天。

沈从文在这两天中听得了不少杜鹃涕泪啼血的鸣叫，看到了在茂林修竹中矗立的白塔，又增加了乘坐渡船的经历。这些内容鲜活地在他的记忆中保留了下来，之后又在文学作品中还原了出来。《边城》即由此写成。

尽管自然界中的美丽景致时时让他感觉欣喜，但行军的路途仍然充满艰辛。白天长时间的赶路，晚上也难以睡得安稳。有几次，沈从文只能在一张长凳上睡觉。除了在长凳上睡觉，沈从文还和同事共挤过一张方桌。连长凳和方桌都没有的时候，他们就会睡到屋外的稻草堆上。面对这样的生活，沈从文从不抱怨，反倒是从中咂巴出不少趣味。天为被，草当席，天上偶然飞过的流星又为宁静的夜晚增添了几分生气。这种居无定所的生活让沈从文感觉无比自由与欢畅，也成为他内心深处极动人的记忆。

不得不说，沈从文对于困苦生活的忍耐力和接受度都是惊人的。他擅长转换角度审视问题，具有苦中作乐的宝贵品质。

在 6 天的行程中，军队耗费了一天的时间翻越一个名为棉花岭的山峰。这山峰颇为陡峭，上行有 32 里，下行有 35 里。沈从文用“折磨”一词形容他攀爬时的感受。可当他到达山顶，向山下眺望时，自然的治愈功能发挥了神奇的效用，疲惫和抗拒的情绪瞬间一扫而空。他沉浸在由延绵的山峰和轻柔的薄雾组成的山水画中，惊叹于造物的神奇。

他们选择在龙潭的一座寺庙里驻扎，将办事处设在了一座戏楼之中。龙潭的商会为了欢迎他们的到来，预先在院中支起了凉棚，并为每位军人准备了床和凉席，一切都妥帖、合用。龙潭虽不大，却因水流的关系，承担了运盐孔道的作用，又因为盐务的关系，形成了相应的市镇和集市。油坊、染坊、酒坊、药房、当铺、邮局、客栈等一应俱全。

龙潭在今四川省达州市境内，因一个高且深的天然溶洞——龙洞而得名。龙洞中四时皆有冰凉彻骨的流水，即便在炎热的夏季，也足以将人的手脚冻伤。这水不与人亲近，却极大地方便了当地的农田灌溉。沈从文十分珍爱这龙洞，他几乎每天都会坐在洞中的石板上听风声、水声，享受完和谐的自然之声，再用葫芦从洞中盛满满一葫芦的冰水，回营与同事们一起享用。

除了爱在龙洞里感受寒水的清凉，沈从文还喜欢去附近的小河边，看船只劈浪过滩，看纤夫身背纤绳，在河岸边匍匐前行。那时的沈从文应该没有机会欣赏《伏尔加河上的纤夫》，但他却被纤夫辛勤劳作的姿态和旺盛的生命力深深感动着。

在军队中，沈从文负责记录和誊抄外来的文件和公文。他手上处理的文件按照缓急程度被分为平常、次要和急要，分别记录在七个本子中。每晚 9 点，他准时将这些本子送给参谋长，参谋长又将它们送呈司令官批阅，之后再退还到沈从文手中。工作虽容易应付，沈从文却并没有随性敷衍。其他的军人房中四处挂着刀枪，他却在自己房间中视线所及的每个角落中都贴上了写有“胜过钟王，压倒曾李”的纸条。“钟王”和“曾李”分别是书法家钟繇、王羲之、曾熙和李瑞清，其中，前两位是古代的，后两人是近代的。沈从文立下心愿，希望能在书法上精进，超越他们其中的一个。

除了在工作中收获了认同感和令人满意的酬劳，沈从文还结交了一帮好朋友，其中包括司令官的几个差弁、副官和一个青年传令兵。他们常常一同去吃面，互相分享钱物。尽管他们军队的上级关系不赖，双方士兵间却常有冲突，私斗之类的事情时有发生。有了好朋友的陪伴，沈从文去龙洞和河边时也就多了一份重要的安全保障。

弁目朋友

在这群朋友之中，有一位差弁最为有趣。他名叫刘云亭，是差弁的小头目。

他和沈从文住得很近，几乎天天都会找沈从文聊天。沈从文听他不加掩饰地讲述杀人、放火、奸淫妇人等一切犯罪的行为，一面感慨这些罪行的残暴，一面惊叹于他的坦诚。刘云亭原本是一个老实本分的农民，胆小又懦弱。只因在清乡时被当成土匪抓住，又在枪决时侥幸逃脱，便改了全部的性情，落草为寇，成了暴力凶悍的土匪头子。沈从文听着这些离奇的经历，思考着人生与突如其来的变故。在人短短的一生中充满着各种变数，它们不为人所控制，一旦突然降临，就会形成蝴蝶效应，将一个人的命运推向一个全然不同的方向。

刘云亭做了土匪后，曾经被司令官救过一命。为了报答救命之恩，他自愿追随在了恩人身边。在沈从文眼中，他比一般人更勇猛，是一个真正的男子汉。

四川山多林密的地貌是土匪发迹的绝佳场所。不过，让人意外的是，这些土匪中除了有像刘云亭一样彪悍的男大王，还有娇媚的女大王。那女大王，相貌极美，行事却很毒辣。她18岁时便做了一群土匪的头目，通过四处“征战”获得了不少的枪支和钱财。清乡被抓后，所有见过她的军士都拜倒在她的裙下，希望能一亲芳泽。可她极聪明，总是能在和军士的周旋中全身而退。到头来，谁也没能征服她。

关押这女大王的地方正巧在龙潭。沈从文得知后十分好奇，希望能去见识她的美貌，印证传言。他在和其他军官开玩笑时甚至提出愿意用一顿酒食换取一次看女大王的机会。

一个傍晚，刘云亭突然到访，神气地对他说：“兄弟，兄弟，同我去个好地方，你就可以看你要看的东西。”沈从文来不及细想就被他带出了营门，带入了一座庙中。那庙的前殿驻扎着一个排的川军，后殿中的院落里却住着一位年轻女子。那女子正是传说中的女大王。沈从文见她时，她正坐在灯下做针线活，从背影看，与一般的妇人并无二致。

这女大王名为王夭妹，有着白净的皮肤和大而有神的眼睛。沈从文不禁惊叹：“那副眉眼，那副身段，那么停匀合度，可真不是常见的家伙！”见识了夭妹的美貌后，沈从文见她和刘云亭关系亲密，似乎有很多话要说，便退了出来。临走时，刘云亭和夭妹都送他，嘱咐他明天再来玩。沈从文联想到以前清乡时荒唐的种种，认为夭妹一定不是土匪，而是被冤枉的，并期待着第二天再去看她。可是，第二天一早，夭妹被砍头的噩耗却传来了。

夭妹的死和刘云亭有关。刘云亭得知夭妹藏有 70 支枪，便利用和驻守的排长熟识的关系接近她。他告诉夭妹自己也埋有 60 支枪，并承诺将她保出，一起去做逍遥的山大王。夭妹相信了他的话，和他相好，却因此丢了性命。

对于夭妹的惨死，刘云亭自然是伤心的。他在床上躺了一周，不说话，也不进食。一周后，他从房中出来，又和之前一样了。

后来，刘云亭又和一个洗衣妇人好上了，和妇人约定娶她做姨太太。

两次和女人的瓜葛，皆触犯了军队的纪律。长官虽念及旧情，却不能再保他了。一年后，负责刺杀他的田旅长，又被人在同一个地方刺死。

走近陈渠珍

川东之行除了让沈从文收获了更多离奇的经历和故事，也让他获得了期待已久的晋升机会。他回到保靖，成了陈渠珍的贴身书记。这对于沈从文而言是一次十分重要的转机。部队的会议室成了他的房间。这房间对于他而言就是一座宝库，里面的四五个大楠木橱柜里收藏着近百轴古画、几十件铜器和瓷器、十来箱书、大量碑帖，还有全套的《四部丛刊》。从这些藏品就可看出，陈渠珍是个文武兼修的人。陈渠珍以王守仁、曾国藩自许，在治学和治事方面皆极用心。沈从文在他身边做事，在耳濡目染中受到了不少熏陶，久而久之便将那些书籍和字画都摸熟了。

做了陈渠珍的贴身书记后，沈从文日益忙碌

了起来。军中急电的来临是不分时候的，有时是在他在外游玩时，有时是在夜半时分。沈从文因此而学会了调整自己的生活节奏，在工作的间隙中放松身心。处理完文件，他会把古画一一取出，挂在墙壁上欣赏，还会翻阅《西清古鉴》《薛氏彝器钟鼎款识》等书，并运用书上的知识和自己的想象力、辨识力去辨认房中的各种古物。通过与文物和古籍的接触，沈从文建立起对民族的历史和艺术发展过程的初步认识，生发出对古文物研究的兴趣。20 世纪 50 年代，他将这些学识应用到文物研究中，取得了文学创作之外的另一些成就。

他崇拜陈渠珍，喜欢他的勤勉好学、踏实敬业与天真烂漫。沈从文从陈渠珍身上看到了一种稀有的精神与人格。陈渠珍工作勤勉，总是天亮之前就起来工作，到了半夜却仍不肯休息；他知识渊博，没有什么问题能够问倒他；他乐学善学，遇到一切新的、好的知识总是积极地去学习；他谦虚稳重，如同一个下级军官一样谦恭对待周围的人，处事时力图做到周全。在他的统领下，筸军进入了发展的全盛期，不仅获得了极好的声誉，内部也团结得如同铁板一块。在偶像的影响下，沈从文如同脱胎换骨一般，从内到外都发生了变化。以前喜欢泅水、爬山、逛街、看热闹的顽童完全收敛了顽劣的性情，变得书不离手了。看书看得多了，他的内心逐渐丰盈起来，性情也柔和了起来。他学会了思考过去、现在与未来。

此时的沈家进入到一个相对安定的家族发展期。沈云麓已从北方将沈宗嗣寻回。沈宗嗣返湘后即进入龙潭指挥部担任军医。沈岳荃和沈从文同在一个部队中做书记。沈母黄氏和沈家小妹在辰州，一切生活皆安稳。沈从文却在这安稳的生活中感觉到一种无可诉说的寂寞。他内心的思想和情感都比之前更加复杂而混乱了。有了些不安于现状的打算，他想找人倾诉和疏解，期盼获得某种启发和点拨，可身边一个合适的人也没有。

1920 年的一天，一匹马、一堆书和一位老者出现了。那老者名为聂仁德，是沈从文的三姨夫。1893 年，聂仁德和熊希龄一起进京赶考，为同科进士，在学问和做派两方面皆是一等一的楷模。之前和沈从文一起乘船的聂清就是聂仁德的儿子。

陈渠珍曾在聂仁德执教的私塾求学，对聂仁德十分尊敬。他将聂仁德请入保靖的狮子庵居住。

狮子庵是保靖的名胜。因靠近一处名为狮子洞的巨大天然溶洞而得名。据说狮子洞正对着保靖城，其洞口阔大，一口便吞下了整个保靖的文运。聂仁德对于新学、旧学都有极深的造诣，他住进狮子庵后便常常在此处布道。沈从文几乎每天都会去狮子庵听姨夫讲授“宋元哲学”“大乘”“因明”“进化论”等一切他急于知晓，却又不明就里的知识。这些来自中国儒释道和外国哲学、科学等范畴的不同思想在他的头脑中不断冲撞，促使他思辨与求索。他在聆听聂仁德讲学和与其对谈中收获了乐趣，他的内心中萌生出一种功业心，希望寻找一份合乎他天性的事业，一份需要打破现状，甚至需要冒一点险才能做成的事业。

与此同时，陈渠珍凭借他的魄力和学识正大刀阔斧地建设湘西，他办学校、建工厂、开银行、筑路、开荒、修订条例、制定法案……力图实现湘西的自治。很快，师范讲习所、农业讲习所、棉业讲习所、模范林场、联合模范中学、女子职业学校、军官学校、士兵教练营、军农队、报馆等机构出现在了湘西。陈渠珍有治军、治国之才，他深知宣传的重要性，他命令报馆印行的第一种文件就是《乡治条例》与各种规章制度。《乡治条例》经陈渠珍草拟，由各乡代表审定。陈渠珍写得一手好草书，但只有沈从文能准确辨认出他的文字，因此，撰稿与校对的工作非沈从文负责不可了。于是，沈从文辗转、奔波于部队和报馆两地，虽然辛苦，却迎来了生活的另一个转机。

走出湘西

沈从文在报馆中和一位名叫赵奎五的印刷工头一道住在印刷室隔壁，每日在印刷机器咯吱咯吱的轰鸣中工作与生活。赵奎五是长沙人，在思想和行事上都比其他人更先进，更时髦。他和沈从文有一个共同的爱好——爱看书。不过，赵奎吾读的是新书、新杂志，他将几块白木板用钉子钉在墙上充当书架，再将各种书刊整整齐齐地摆放上去。沈从文看的是从部队办公室带来的旧诗集和老字帖，他并没有制作书架，只把它们放在方桌上。每天结束工作，两人就在房间里一起做事，一起看书，一个看新书，一个看旧书，互不干涉，相处融洽。他俩既是同事，又是室友，还有共同的爱好，久而久之便熟识了。

有一次，沈从文发现赵奎五所看书刊的封面是个赤裸上半身的人像，禁不住好奇，便向他发问。赵奎五告诉他这是当时流行的综合性刊物《改造》。沈从文又问他《超人》是什么。这一次，赵奎五露出了震惊的神情，眼睛瞪得像一对大铜铃，惊叹于沈从文居然不知道享誉全国的冰心和她的代表作。他问沈从文知道哪些闻名天下的女诗人。沈从文只说出了唐代的鱼玄机和清代的随园女弟子。赵奎五听着沈从文的回答，诧异地看着他。赵奎五的神情让沈从文十分难堪，因为他真的对于新文学、新作家一无所知。

赵奎五倒也并未奚落这位未开化的朋友，他像一位极懂教育的老师，并没有直接告诉沈从文答案，而是让他自己去看看《超人》和《创造周报》，让他感受新文学与旧文学的区别。有了对于新文学最直观的认识，沈从文便对新、旧文学各自的特点了然于心了：白话文与文言文不同的地方在于一个结尾处用“也”字和“焉”字，一个结尾处却用“呀”字和“啊”字；一个叙事时越说得少越好，另一个叙事时越说得多越好。不得不说，沈从文对于文学的感受十分敏锐，无师自通地从语言形式和叙述方式两个方面了解了新、旧文学各自的特点。

在沈从文对新、旧文学有了自己的体察之后，赵奎五才开始对他进行“点拨”。他告诉沈从文“白话文最要紧处是‘有思想’”。语言的特征容易把握，可是“思想”是什么？沈从文并不十分明白，但他仍然感谢赵奎五。

赵奎五和他的那些新书、新知识，将沈从文的心彻底地激活了。沈从文从赵奎五那里看到了另一种人生，一种和陈渠珍、聂仁德教给他的截然不同的新的智慧的闪光。他想到在同一时间的不同空间中，阳光照耀着一些和他一样又不一样的青年，那些青年用全新的文学形式，全新的表达方式，对社会做各种各样的批判和思考。尽管他和那些青年之间有着难以弥合的距离，但他的情绪却完全被他们感染和调动了。他很快从初读新书的不适感中摆脱出来，如饥似渴地读《新潮》《改造》《创造周报》，读一切他可以搜集到的新资料。从前“俘虏”他的《花间集》和《曹娥碑》再也无法唤起他的兴趣了。

在阅读新文学的过程中，他时时感觉到自己

的不足。为什么同为青年，他们却懂得那么多？为什么他们一提笔就可以写那么多，写那么好？对于新人物和新知识的崇拜使他不再冷静。那时的沈从文完全料想不到，有一天，他能比那些新人物写得更好，走得更远。

这时，沈从文对于人生的规划完全转变了。继续留在部队中，他可以通过帮陈渠珍工作的机会进入湘西军队的权力中心，凭借他的聪明才智，完全有可能取得不逊于自己祖父的成就，光耀门楣，但他却不再想成为权力的奴仆，而是希望成为智慧的信徒。他的视野变得极广又极远，开始思考生活的价值和意义，认为应当通过自己的努力改造社会，为当下，甚至是未来的人类服务。甚至于，他想到，为了实现这一崇高的理想，自己受苦，乃至牺牲都是光荣的。他不仅产生了为人类社会付出的想法，还进行了相应的实践。

他知道自己身在军营中难以获得读书的机会，便广播大爱，将希望寄托在有机会上学的孩子身上。他效仿报上报道的补锅匠捐款兴学的义举，将自己的工资全部买了邮票，放进信封，又附上一张写有请求转交“工读团”，署名为“隐名兵士”的信签，寄往上海《民国日报·觉悟》的编辑部。虽然这慷慨的行为并没有收到回信，沈从文却因为自己的付出而感到充实与满足。

除了工作与读书，沈从文还常去业已初具雏形的工厂参观。他被工厂中巨大的车床、大小各异的齿轮和悬在空中的皮带所吸引，现代科技带来的日新月异的变化无时无刻不在刺激着他，诱惑着他。他羡慕那些有书读的青年学生，所以常常去看他们上课、打球，有时也去熟识的学生的宿舍中做客。沈从文面对这些学生的情感是复杂的，他一方面因为想求学却不得而感到难过，另一方面因为捐款助学而感到光荣。

随着军队实业的发展，税收逐渐增多了，保靖的经济逐渐繁荣。陈渠珍决定进一步充实师资，选派、资助学生外出学习棉业、蚕桑、机械、师范和军事。沈从文也禁不住思考起自己的前途，他是否也应该学一些本领？应该学些什么呢？

部队中的事务日益繁忙，很多文件需要缮写，而陈渠珍的字又只有沈从文能够辨认清楚，沈从文又被调回部队中做专职书记。回到部队的沈从文却患了一场重病。他持续高烧，头疼欲裂，鼻血一碗一碗地流。他被这疾病折磨了40多天，终于挺了过来。可迎接他的却是一个名叫陆弢的好朋友的死讯。陆弢有着极好的水性，却在游水时被暗流卷走淹死了。沈从文看着陆弢被水泡得肿胀的尸体，想起自己不久前与死神的擦肩，对生命有了新的认识。

人的一生太短暂，又太无常了，不知道哪天就会淹死、病死、饿死。如果在死之前还有很多东西没有见过，很多地方没有去过，那该多遗憾啊！

他坚定地觉得应该去一所新的学校，到一个新的地方，感受新的人生。他闷闷地想了整整四天，得出了一个结论：我总有一天会死去，多见几次日出，多过几座新桥，然后再咽气，比在这儿被流弹打死有意思得多。他决心去北京，看看在那些进步杂志上记载的人和事。随后，他找到了陈渠珍，怯怯地将这些想法和盘托出。陈渠珍的开明在这件事上得到了又一次的印证，他不仅同意了沈从文的请求，还额外支给他三个月的薪水，临走时，他承诺道："你出去看看也好。如果能考进学校，我给你寄学费。如果读书读得不如意，你想回来，这里仍然有你吃饭的地方。”这一承诺给了沈从文极大的鼓励和安慰，也赋予了沈从文极大的勇气。

就这样，20岁的沈从文离开湘西，一路北上，先是到汉口，随后到郑州、徐州，又辗转天津，19天后，他终于到了北京前门车站。他进入了一个使他永远无法毕业的学校中，学习永远学不尽的人生去了。那时是1922年8月。

第三章
北京初从文

北　漂

从湖南到北京，需要的是勇气，而要在北京生存下来，则不能仅仅依靠勇气。事实上，从踏上北京的第一刻起，沈从文与都市的鸿沟就已经体现出来了。

一辆大板车出人意料地停在了沈从文跟前。车主人热情地招呼他上车，承诺收取两元钱作为车费，将他送到一个房费低廉的客栈。两元钱是他在军队当书记时月收入的四分之一，这显然不是一笔划算的支出。可沈从文当时却没有更好的选择，只能听从这殷勤车夫的安排，让他将自己拉到客栈中住下。后来，沈从文才知道，那大板车也叫排子车，在北京是专门用来驮运牲口和货物的，车夫一早就看准了他乡巴佬的习气，既戏弄了他，又狠宰了他一笔。不过，对于未知的未来，沈从文仍然充满期待，他在西河沿小客栈的旅客簿上认真地写下——“沈从文　年20岁　学生　湖南凤凰县人”。这是沈从文在北京留下的第一行文字。

在来北京之前，沈从文已经对生活进行了一些规划。他的大姐沈岳鑫和大姐夫田真逸那时在北京，他们成了沈从文投奔的第一选择。田真逸是田兴恕的孙子，田应全的儿子。他和沈岳鑫的结合是湘西名门望族间联姻的结果。田真逸那时刚刚大学毕业，一时间没有找到合适的工作，正准备带着妻子和孩子回湘西。沈从文的突然造访，让夫妻俩十分意外。

田真逸问沈从文：“你来北京，做什么的?”

沈从文一脸兴奋地回答：“我来寻找理想，读点书。”

田真逸被沈从文的宏图大志弄得哭笑不得：“读书。你有什么理想，怎么读书？你可知道北京城目下就有一万大学生，毕业后无事可做，愁眉苦脸不知何以为计。大学教授薪水十折一，只三十六元钱一月，还是打躬作揖联合罢教软硬并用争来的。大小书呆子不是读死书就是读书死。哪有你在乡下做老总有出息！”

听田真逸这么一说，沈从文认真了起来，用无可辩驳的语气把这些年来内心积攒的想法全部都倾诉了出来：“可是我怎么做下去？六年中我眼看在脚边杀了上万无辜平民，除对被杀的和杀人的留下个愚蠢残忍印象，什么都学不到！做官的有不少聪明人，人越聪明也就越纵容愚蠢气质抬头，而自己俨然高高在上，以万物为刍狗。被杀的临死时的沉默，恰像是一种抗议——‘你杀了我肉体，我就腐烂你灵魂。’灵魂是个看不见的东西，可是它存在，它将从另外许多方面能证明存在。这种腐烂是有传染性的，于是军官就相互传染下去，越来越堕落，越变越坏。你可想得到，一个机关三百职员有百五十支烟枪，是个什么光景？我实在待不下了，才跑出来！……我想来读点书，半工半读，读好书救救国家。这个国家这么下去实在要不得！”

从这些话语中，不难发现那些进步刊物对沈从文的影响是巨大的。他用从刊物中看到的新思想解读军中的种种见闻，并在两相作用之下发现了种种行为的荒唐与残忍。继续留在湘西，他自然可以按照大部分镇筸军人的发迹路径，从科长升至县长，乃至厅长，成就当将军的伟业，但他已经感受过光明的温暖和梦想的力量，便不再能忍受与血腥和烟枪为伍的生活。在过去的岁月中，他接触过美好的自然与和谐的人性，也看到过令人厌恶的丑恶与黑暗，他决心以改造不合理的社会为己任，用手中的笔去再造一种新的文明。尽管那时他连新式标点符号都还不会使用，但他相信，凭借自己的勤学苦练，一定能在文坛开创出属于自己的天地。

听完沈从文的倾诉，田真逸先是愣了一下，继而又满脸堆笑道：“人家带了弓箭药弩入山中猎取虎豹，你倒赤手空拳带了一脑子不切实际的幻想入北京城做这份买卖。你这个古怪乡下人，胆气真好！凭你这点胆气，就有资格来北京城住下，学习一切，经验一切了。可是我得告诉你，既然为信仰而来，就千万要珍惜它。因为除了它，你什么也没有！”

田真逸到底在北京城里混迹过，了解在都城

生活的不易。他对沈从文说的这番话，既是警示，也是告诫。正如田真逸说的，沈从文除了信仰和兜里仅剩的七元六角钱，什么也没有。几天后，田真逸和沈岳鑫踏上了回湘之路，而沈从文却执拗地在北京留了下来，像极了后来的“北漂者”。

六毛钱一天的客栈早就住不起了，姐姐、姐夫走后三天，沈从文就搬到了酉西会馆。会馆是乡土文化的产物。明清时期，为了方便同乡进京赶考、经商或办事，各地方开始纷纷在北京设立会馆。酉西会馆就是旧时湘西人在北京的落脚之所，取“酉水之西”之意。会馆当时的主事者姓金，是沈从文的远方亲戚，他设法免去了房钱，帮沈从文解决了住宿的大问题。免费的住处，条件自然不会太好。那是一间靠西边的湿霉的小屋。后来，沈从文才从金掌柜的口中得知，沈宗嗣当年北上行刺袁世凯，也曾在此居住。父子俩的寻梦之旅，竟然有了跨越时空的交集，不能不让人感慨。

在这有着一百多万人口的大都市，沈从文没有几个熟人，但他并不感到空虚与孤独。一股强烈的信念支撑着他。这个来自温暖南方的年轻人，在北国漫长冬天里生不起火，和动辄零下十多摄氏度的寒冷较劲；这个在部队中饮食无忧的兵士，在物产丰富的都市过着有上顿没下顿的日子，和腹中的饥饿感抗衡；这个习惯于在河边、田间、集市感受生命活力的顽童，日日在图书馆和房间中练“坐功”；这个被寄予厚望的沈家少爷，在一次次的投稿中忍受石沉大海的无助。

“天将降大任于斯人也，必先苦其心志，劳其筋骨，饿其体肤，空乏其身，行拂乱其所为，所以动心忍性，曾益其所不能。”有好几次，他实在是饿得发慌，便混在流浪汉中，跟着招募兵士的队伍游走，想要重新走回当兵的老路，但又在填征兵志愿时被“信仰”惊醒，找个借口溜开。“信仰”是他唯一的财富，绝不能轻易丢下。

窄而霉小斋

常来看望他的表弟黄村生十分担心沈从文在这湿霉的小屋中住坏了身体。黄村生两年前到达北京后顺利地考取了北京农业大学。他认同沈从文的抱负与理想，敬佩沈从文的胸襟与魄力，又担心糟糕的居住环境会消耗沈从文的健康。后来经多方联系，他在靠近北京大学的银闸胡同中为沈从文找到了一个小房间，希望沈从文能在新环境中多认识些文化界的朋友，早日实现读大学、当作家的梦想。

沈从文半调侃半庄重地为小屋取名为“窄而霉小斋”。这名称充分显示出居住环境的糟糕。那房间原本是个一团漆黑的储煤杂货间，房东在墙上砸了个窟窿作窗户。房间很小，陈设也很简单，只有一张狭小的写字桌，一张简易的单人床。瘦弱的沈从文在房内活动还勉勉强强，若是魁梧一点的人，只怕是连转身都困难了。可沈从文并不介意，坚定的信念、乡下人的隐忍和亲友的关心使他在这窄霉小屋中坦然地住了下来。

黄村生利用专业优势时常弄些新鲜的果蔬、菌菇、家禽、水产和鸡蛋给沈从文补充营养，有时干脆接他去学校居住。一来二去，沈从文便和很多农大的学生成了密友。

经田真逸介绍，沈从文认识了燕京大学的学生董秋斯。董秋斯当时是燕京大学的学生会主席，对于哲学、文学、政治和翻译都有独到的见解。沈从文去燕京大学时曾和董秋斯住在一处，一个睡在床上，一个睡在地板上，畅谈了整整三夜。

董秋斯甚至当掉自己的西装，只为给沈从文买一双像样的新鞋。后来，沈从文又结识了燕京大学的张采真、司徒乔、刘廷蔚、顾千里、韦丛芜、于成泽、焦菊隐、刘潜初、樊海珊等人。

此时正值蔡元培主政北京大学。蔡元培是极有远见与智慧的教育家，他推行“思想自由，兼容并包”的办学理念，使北京大学的面貌焕然一新。北京大学向一切求学者无条件开放，沈从文便借此机会在北大旁听，不仅学到了具体的知识，也悟到了做人做事的道理。

近 60 年后，沈从文还对在北大旁听的情景记忆犹新。那堂课的主讲人是保皇党人辜鸿铭。在斥旧促新的浪潮中，辜老先生显得格格不入。他讲学时穿的是缃色小袖绸袍，戴的是珊瑚顶瓜皮小帽，帽子后方垂着一缕细小、焦黄的辫子。这种不入流的装扮引得新锐的学生讥笑。面对青年的奚落，辜先生不以为然，淡然地说：“你们不用笑我这条小小尾巴，我留下这并不重要，剪下它极容易。至于你们精神上那根辫子，据我看，想去掉可很不容易!”此言一出，不少听众仍然发笑，沈从文却陷入了深思。他意识到了封建意识的根深蒂固，及其对国家进步的影响。他满意于自己的“洞见”，并产生了一种独立思考的信心。

除了感受北大课堂的头脑风暴，沈从文还结识了一批做着文学梦的青年，如刘梦苇、黎锦明、王三辛、陈炜谟、赵其文、陈翔鹤，以及冯至、左恭、杨晦、蹇先艾等。这些人后来都成为影响中国现代文学发展的重要作家。

郁达夫的探望

沈从文一面努力求学扩大自己的交际圈，一面积极创作。可惜他投出去的文章没有激起半点水花。这并不令人意外，因为沈从文并没有受过专业的文学教育，对于新文学的认识也仅仅来自进步刊物，毫不夸张地说，当时的沈从文还是一个连标点符号都不会用的文学门外汉。

不过，标点符号的规范与普及是新文化运动的产物，以文言文为载体的旧文学不注重对标点符号的使用。1920 年，《通令采用新式标点符号文》才催生出第一套新式标点符号。这种语言符号恰好触及了沈从文的知识盲区。另外，白话文写作也让长期阅读《秋水轩尺度》等古代文学作品的沈从文感到不适。从一种语言符号转化到另一种语言符号需要经历一个相对缓慢的过程，但沈从文却很急切。他急于写出心中的所思所感，实践文学救国的理想。在 1925 年之前，沈从文的作品并没有获得编辑的青睐。《晨报副刊》的编辑孙伏园曾在公开场合把沈从文投来的大量作品揉成一团，扔进垃圾桶，并讥讽道：“这是某某大作家的作品！”沈从文知道这件事后自然是倍感屈辱的，但他并没有因此而停下探索的脚步。

和当时的很多文学青年一样，沈从文尝试着向业已成名的作家写信诉说境况，寻求帮助，郁达夫便是他求助的前辈之一。郁达夫是中国现代文学史上非常具有代表性的作家，他的小说集《沉沦》是我国的第一部短篇小说集，其中收录的短篇小说《沉沦》开创了自我抒情小说的创作潮流。郁达夫也凭借着大胆的自我剖析和不加掩饰的真诚获得了青年读者的喜爱。1924 年 11 月 13 日，收到沈从文求助信后的郁达夫，在一个雪天推开了“窄而霉小斋”那扇不起眼的小门，留下了一段文坛佳话。

门内的情景深深刺痛着敏感的文学家。屋内

没有生火，似乎比风雪呼啸的屋外更冷，一个清瘦的青年身穿夹衣，用破旧的棉絮裹着脚，手指肿得像一根根胡萝卜，一边流着鼻血，一边哆哆嗦嗦地写作。

郁达夫试探性地问："请问，沈从文先生住在哪里？"

青年回答："我就是。"

"哎呀……你就是沈从文……你原来这么小。……我是郁达夫，我看过你的文章，好好地写下去……我还会再来看你。"

在得知沈从文还没有吃饭后，郁达夫请沈从文下馆子吃了顿葱炮羊肉，一共花了一元七角多。饭后，两人又回到"窄而霉小斋"交谈。

郁达夫走时，将自己脖子上的浅灰色羊毛围巾连同吃饭付账时找回的三元二角零几分钱留给了沈从文。沈从文拿着这些钱物趴在桌子上痛哭了一场。

据黄永玉回忆，沈从文一生没有上馆子吃过几次饭，其中一次是徐志摩和陆小曼结婚，一次是他自己结婚，再有就是和郁达夫的这次相遇。不消说，郁达夫的到访和关怀给了沈从文莫大的安慰。50年后，沈从文还念念不忘郁达夫雪中送炭的情谊：“后来他拿出五块钱，同我出去吃了饭，找回来的钱都留给我了，那时的五块钱啊！”当时的郁达夫虽然在北京大学任教，但经济上并不宽裕，能对一个初识的年轻人倾囊相助，确实令人感动。

三天后，一篇名为《给一个文学青年的公开状》的文章发表在了《晨报副刊》上，作者正是郁达夫。他把和沈从文会面的情形记录了下来。在作品中，郁达夫认为与其留在北京求学读书，不如去当兵、去偷、去死。这种极端化的表达，并不是对沈从文人生理想的奚落，而是为抨击不给有理想的青年人留活路的黑暗社会。

黑暗发展到顶端就会迎来光明。沈从文没有因为屡屡碰壁和生活的困窘而放弃对理想的追寻，他终于挺了过来，转机大约出现在1925年。

转机的出现

1924年12月22日沈从文终于发表了他人生的第一部作品《一封未曾付邮的信》。这篇作品署名“休芸芸”，文中的主人公是一个叫“从文”的落魄青年。这青年从湖南出发，经四川到达北京。青年在走投无路之际，写信向 A 先生求助，信写完后却因买不起邮花而将信件撕毁。很显然，这作品具有自传性质。万事开头难。第一篇作品发表出来之后，沈从文作品的发表概率越来越高了。

另一个值得关注的变化是，1924 年底，孙伏园从《晨报副刊》的编辑岗位上辞职，与周氏兄弟、林语堂一起创办《语丝》周刊。这一变动的影响在于，不少原来在《晨报副刊》上投稿的作者转而将文章投往《语丝》周刊。接替孙伏园工作的刘勉己和瞿世英为保证《晨报副刊》的正常发行，有针对性地选用了一批创作新人的作品，沈从文也因此进入了《晨报副刊》的采稿视野。《公寓中》《春月》《卖糖复卖蔗》等作品都是在这个时间段发表在《晨报副刊》上的。

1925 年年初，沈从文以“休芸芸”为笔名在《晨报副刊》上发表了《遥夜——五》，讲述了自己在与有钱人比较的过程中内心的苦痛和孤独。作品发表后得到了北京大学教授、北洋政府司法部部长林宰平的高度评价。林宰平用“天才青年休芸芸君”来称呼沈从文，认为他将青年学生的凄清、无聊、失望和烦恼写尽了。

林宰平希望能见到这位有着极高创作天赋的休芸芸。他托人找到了沈从文，并邀请沈从文去他家里交谈。两人见面后，林宰平才知道沈从文并不是大学生，而是一个追逐文学梦的小学生。沈从文的经历和精神深深感动着林宰平，他鼓励沈从文坚持理想，并承诺帮沈从文找工作。

林宰平没有食言，他先是介绍沈从文到京兆尹薛笃弼处工作，后又向梁启超介绍了沈从文的情况。梁启超将沈从文引荐给同为凤凰人的熊希龄。就这样，沈从文凭借他的文学创作才华叩开了北京上流世界的大门，在熊希龄的香山慈幼院谋到了一份图书管理员的差事，每月可得 20 元。

1925 年 7 月，沈从文住进了香山饭店前山门的新宿舍。那里原是一座寺庙，因出入不便少有人来，沈从文自嘲是搬进来的第一个活人。他的朋友陈翔鹤怕他寂寞，特意上山来陪过他三日。两个年轻人在听法松下听松涛、赏明月、谈理想。有一天，沈从文抱来一面琵琶，为朋友弹奏了一曲新学的《梵王宫》，虽然弹得并不精妙，却与那清幽的环境相得益彰。陈翔鹤虽然是在城市中长大的，却深受陶潜和嵇康的影响，他羡慕沈从文能在这么个洞天福地居住，沈从文也满意自己谋得的新差事。

沈从文的住处靠近熊希龄的双清别墅。熊希龄常常与他讨论时事与哲学，其间还将沈从文送到北京大学图书馆，请袁同礼教授他编目学与文献学的相关知识，对沈从文十分关心。说起来，沈从文与熊希龄之间还有着亲戚关系。熊希龄的弟弟熊燕玲是沈从文的姨夫。可是，为什么沈从文进京后却要通过林宰平和梁启超才能同熊希龄建立起联系呢？目前所见的相关文献中，并没有对这一问题的解答。不过，可以肯定的是，沈从文在与熊希龄交流时难以放松，他总觉得熊希龄在出题考他，甚至于觉得他和这老乡间有着难以逾越的鸿沟。

沈从文这一时期内心的细密感受在《第二个狒狒》《用A字记录下来的事》和《棉鞋》等文中可以找到一些痕迹。《第二个狒狒》和《棉鞋》影射的是香山慈幼院教务长的趋炎附势，发表后立即得罪了慈幼院的同事。《用A字记录下来的事》则把描写的对象对准了熊希龄。他在文中描写了一场有三千名宾客参加的寿宴，而自己只是一个不重要的跑来逗趣的客人。种种迹象表明，沈从文强烈的自尊心使他难以融入香山，他希望像当年离开湘西一样，离开香山，离开熊希龄，独立自由地生活。所以，哪怕香山慈幼院后来正式聘请沈从文做图书馆编辑，他也只做了八个月就拂袖而去，仍旧回到窄而霉小斋写他的文字。

徐志摩的欣赏

尽管在香山工作得并不愉快，沈从文还是对引荐者林宰平心存感激。很多人都曾无私地帮助过沈从文，其中年纪最大、影响最深、关系最为持久的便是林宰平，而年龄最小、对沈从文帮助最多的却是徐志摩。

1925 年 9 月，徐、沈两人第一次见面。多年后，沈从文仍对去松树胡同拜访徐志摩的情景记忆犹新。徐志摩的住处十分雅致，洋房的院落中摆放着几盆菊花和秋海棠，墙上挂满了略微泛黄的爬山虎。徐志摩当时应是刚起床，还穿着睡衣，他一边铺床，一边接待沈从文。沈从文也不拘小节，见到徐志摩的第一句便是："你那散文可真好!"这一句就把两个性情中人的话匣子都打开了。徐志摩先是兴高采烈地从枕头边拿出他新写的两首诗，富有腔调地为沈从文朗诵。之后又取来林徽因从美国寄给他的长信给这第一次见面的朋友欣赏，并热情地向沈从文介绍林徽因那可爱与明媚的性情。自认为为人爽朗的沈从文都不免感叹徐志摩对人无机心到使人吃惊的程度。在这一次有趣的交往之后，两人的文字对话也逐渐地展开了。

1925 年 10 月，徐志摩担任《晨报副刊》的主编。他在 10 月 1 日的刊物中刊出了《我为什么来办　我想怎么办》介绍自己的办刊主张。在这篇文章中，徐志摩列出了一串长长的拟约稿人名单，将沈从文放在了赵元任、梁启超、金岳霖、傅斯年、闻一多、郭沫若、郁达夫、陈西滢、胡适之、宗白华等人中间，使名不见经传的沈从文跻身于当时最具影响力的教授、学者与作家之间，极大地鼓舞了这个落魄的逐梦者。

在接下来的一个月内，徐志摩连续刊发了三篇沈从文的作品，分别是《一天是这样过的》《夜渔》和《卖糖复卖蔗》。到了 11 月，徐志摩又从上任编辑刘勉己留下来的稿件中，翻出了沈从文的几篇旧稿，将《市集》发表了出来，并直接以《志摩的欣赏》为题撰写了短评，不加掩饰地表达出对沈从文的欣赏。

他称赞沈从文的文笔像是梦里的小船，带着读者在清波里荡漾。盛赞这作品不是写成的，而是“想”成的，是没有办法用一般的赞赏的语言褒奖的。

在徐志摩的眼中，沈从文在散文《市集》中展露出的创作才华是无法批驳，更无法复制与超越的，是道法自然、不事雕琢的天才之作。可沈从文面对徐志摩的肯定却极不自在。原来，沈从文投稿后见《晨报副刊》久久没有录稿，以为稿件遗失了，便将文章投在《燕大周刊》上发表了出来。胡也频读到该文后十分喜欢，便未经他同意转载到了《京报·民众文艺》上。算上《晨报副刊》的这一次，这篇 2000 字的散文已经刊载三回了。这件事说大不大，说小不小，却犯了很多编辑的大忌。文学作品的发表讲求原创与首发，一稿多投已经涉及创作诚信的问题，更何况是一稿多发呢？虽然这多次的刊载并不是沈从文主观意愿造成的，但他还是写了篇声明，一面详述多方刊载的原因，一面诚恳地致歉。徐志摩将沈从文的声明在 11 月 16 日的《晨报副刊》中刊载了出来，并附上了答词，安慰沈从文说版权不是问题，复载值得读者们再读三读乃至四读五读的作品，比乱登糟糕的作品更好，表意明显地将沈从文的《市集》又夸了一通。

徐志摩的“偏爱”让沈从文倍感温暖。在遇到徐志摩之前，沈从文空有抱负与理想，却找不到展现文学才华的平台。可遇到徐志摩之后，一切都不同了。徐志摩像一束光点亮了沈从文的梦想，使他不再饱受理想与现实的撕裂，充满信心地在文学创作的道路上大踏步前进。1926 年，沈从文的多类文学合集《鸭子》在北新书局出版。1927 年，沈从文的第一部小说集《蜜柑》在徐志摩参与的新月书店出版。在《蜜柑》的序言部分，沈从文动情地写道：“别人也许有能对于我的文字感到小小趣味的，但那人是能在我本身上头发现艺术的一个人。”在徐志摩的鼓励和帮助下，沈从文终于在中国文坛有了一席之地。

毫不夸张地说，没有徐志摩，就没有沈从文。所以，哪怕在徐志摩故去多年后，沈从文仍然感念徐志摩的知遇之恩："没有他，我要么就去北平市做了巡警，要么早就倒在别人的屋檐下，瘪了，僵了，腐烂了。"

胡也频和丁玲的友谊

除了在《晨报副刊》上发表文章，沈从文也向其他刊物投稿。1925 年 3 月 10 日，《京报·民众文艺》发表了沈从文的三篇散文。文章刊发后，刊物的编辑项拙和胡也频特意来到"窄而霉小斋"看望沈从文。后来，胡也频又向沈从文介绍了同为湖南人的丁玲。三人的交往就此开始。

丁玲原名蒋冰之，是湖南临澧人。临澧和凤凰都靠近沅水，两人可以称得上是半个老乡。既是老乡，相处间就多了一份亲切。随着交谈的深入，沈从文才发现他和丁玲的人生在很早之前就有了交集。比如沈云麓曾在丁玲伯父家住过，比如黄玉书和杨光蕙曾在丁玲母亲负责的女子小学相恋，等等。

丁玲三岁丧父，母亲又是个极有主意的独立女性，她在母亲的教导下处处显得和一般的女孩子不一样，她更加勇敢，也更加独立。沈从文第一次去丁玲的住处看望丁玲时，就有感于这个女子生活的韧劲。床是窄而硬的，地面是霉而湿臭的，墙上糊满了破烂的报纸，窗纸上画了不少熟识的朋友的头像，丁玲就坐在这又潮又臭又小的房间中坦然自若地读书、看报。在接触丁玲之前，沈从文在进步杂志上看到过不少新女性写成的文字，他知道离开家庭的女性是不易的，但他没想到她们的生活会如此艰难，也没有想到丁玲竟然这么能吃苦。通过走近丁玲，沈从文对于女人的态度完全转变了，他从她那儿明白了女人不必柔弱与娇气，她们也是同男子一样的人。

丁玲的独立与洒脱深深吸引着胡也频，可当时丁玲正陷在弟弟去世的愁绪中，无暇顾及胡也频的关爱。有一天，丁玲突然离开北京，回湖南去了。胡也频很伤心，将报纸和书页撕了一地。又过了几天，沈从文发现胡也频也不见了，原来这被丘比特射中的男子不顾一切地去湖南找他的爱人去了。

丁玲和胡也频相继离开北京之后，沈从文孤零零地上了香山，默默地进行文学创作。尽管不时也有朋友关爱他，但他总是挂念两位友人。念念不忘，必有回响。1925 年中秋，沈从文晚饭后独自返回宿舍，意外地拾到了一张纸条——“休：如果你愿意见见两个朋友，就到碧云寺下面大街××号来找我们，我们是你的熟人。”沈从文很诧异，好奇地拿着纸条向地址寻去，到时才知道原来是胡也频和丁玲回来了。三人笑着、聊着，趁着中秋的月色，划着小船到一处名为“见心斋”的小池上，谈天说地，像从来没有分开过一样。但沈从文却在一些生活的细微处，敏感地发现了两个人的变化。胡也频和丁玲租住在一块，房内只有一张床、一张藤椅和一个煤油炉。胡也频的深情有了回应，丁玲做了他的新妇了。

三人的住处既十分接近，彼此感情又要好，沈从文就经常来寻他们。他们畅谈文学理想，憧憬着哪一天每人每月可以写出 3 万字的文章，得到 30 元的稿费，又计划着拿着这幻想中的稿费办一个属于自己的刊物，似乎那钱已经落入了口袋，刊物也已经付印了一样。

胡也频和丁玲最初返回北京时受到了老家的资助，故可以租到 9 元钱一个月的房子，但两人入不敷出，渐渐地就难以承担这高昂的房租，只能搬到北京城里北河沿的公寓去了。

沈从文对于这所公寓十分熟悉，他在上香山前就曾住在这里。这公寓曾经住过张采真、焦菊隐、于赓虞、王鲁彦、顾千里、王三辛、蹇先艾和朱湘，是当时北漂文学青年的聚集地。店老板是一个妙人，他不仅知道拜伦的生平，还知道李白、杜甫的经历，似乎对古今中外的文学家了如指掌。这店主知道住店的房客都是文人，因此也以礼相待，不但不催交房费，还会不时补贴伙食，给客人们补身体。在沈从文看来，这公寓中小小霉霉的房间比缺少人情味的香山更有吸引力，所以，他只要下山，就会来公寓找胡也频和丁玲，畅谈文学和理想。长久的相处不仅使三人兴趣趋同，连笔迹也相似了。他们都习惯使用硬硬的笔头蘸上蓝色的墨水，在稿纸上写小小的字，甚至连字的疏密和校稿修订的方式也几乎一致。这默契的习惯原本印证了友谊的真挚与深厚，却在无意间制造了一场误会。

与鲁迅的误会

迫于生活的压力，写信向仰慕的作家求助是

当时的文学青年间流行的一种做法。沈从文倾诉的对象是郁达夫，丁玲求助的对象则锁定为鲁迅。

1925 年 4 月 30 日，鲁迅收到了一封署名为丁玲的信件。丁玲在心中坦言了自己的女性的身份，希望鲁迅能帮助她找到一份工作，帮助她继续在北京生活下去。鲁迅对于青年人一向是十分关心的。他收到信后没有怠慢，马上向朋友们询问，想要核实丁玲的身份。之所以要核实求助人的身份，是因为当时正值新文化运动的落潮期，鲁迅在个人生活和文学创作等多方面都时常遭受论敌的非议和诋毁，为了避免落入敌人的陷阱，他必须保持谨慎和冷静。

曾经收到休芸芸投稿的孙伏园反馈回信息，认为丁玲的字迹和休芸芸很像，担心是有人故意捉弄鲁迅。鲁迅认为孙伏园的推测有合理性，觉得沈从文一会儿化名休芸芸，一会儿又说自己是名为丁玲的女子，毫无诚信可言，不知葫芦里卖的什么药。

恰好不久后，胡也频也来拜访鲁迅。和丁玲通过写信沟通的方式不同，胡也频是登门造访，照常理鲁迅是会接待他的。可鲁迅却在看过胡也频递进来的名片后，大声地对着门口的佣工喊："说我不在家!"不悦之情十分明显。站在门口等待接见的胡也频不知是哪里做得不对，可也没有办法，只得悻悻离去。

向来对青年有求必应的鲁迅，为何会反常地拒绝与胡也频见面呢？原来，胡也频当时为讨丁玲的欢心，在名片上印上了"丁玲的弟弟"几个字。鲁迅看到这扎眼的"丁玲"二字，以为又是沈从文在捉弄他，误会又一次加深了。

一直到丁玲和胡也频在北京实在待不下去，迫不得已返湘后，鲁迅才知道丁玲、胡也频和沈从文三人之间的关系，并对之前的种种表示遗憾和歉意。

鲁迅是当时文坛的领袖，他勇于承认自己的过失，并向文坛晚辈致歉的做法让人钦佩，但之前的种种误会已经深深刺痛了沈从文本就敏感且自尊的心灵。中国现代文学阶段最有代表性的沈从文和鲁迅因为这些误会而没能产生进一步的交集，给文坛留下了无尽的遗憾。

去上海

在北京的日子尽管有些波折，却总归是朝着

理想的方向发展。

就文学创作而言，在友人的鼓励和贵人的帮助下，沈从文离实现通过文学改造社会的梦想越来越近了。他的作品登上了《小说月报》《晨报副刊》《现代评论》《语丝》等当时最有分量的文学刊物，仅1926年一年，他就出版了一部著作，发表了各类文学作品七十余篇。1927年，他出版了《蜜柑》和《入伍后》，发表了各类作品近四十篇。这些了不起的创作实绩，使他自负地认定自己已经成为一位专职作家。

在个人生活方面，他收获了许多珍贵的友谊和真挚的欣赏。黄村生、董秋斯等人雪中送炭式的关怀，陈翔鹤、胡也频、丁玲等伙伴温情的陪伴，林宰平、郁达夫、徐志摩等前辈不遗余力的帮助使这个如同尘埃一样在北京飘荡的乡下人在北京的文坛有了一席之地。1925年至1926年间，徐志摩有意识地带着沈从文进入为《晨报副刊》《现代评论》等刊物撰稿的作家圈。尽管沈从文坚定地表示不会参加任何组织，但他的朋友圈仍在逐渐扩大。

按照个人发展的一般规律，沈从文完全可以

凭借自己的努力和有利的外部条件在北京继续发展，但这时北京的政治氛围却异常紧张起来。

1927 年 4 月 18 日，南京国民政府成立。这一政治格局的变化对沈从文的创作生涯造成了两个方面的影响：其一是北洋军阀加剧了对北京的政治管控，其二是出版机构随着政治中心南迁。

北京当时的社会环境已经到了草木皆兵的状态，作家很难自由地进行文学创作了。从军队中走出的沈从文，对于政治和军事有着相当的敏感。1981 年沈从文在回忆往事时还曾提到过军阀的腐败。他提到想效仿包公的韩复榘，天天到处去审案。有一次，一个看热闹的送信人不知怎么就被抓住了，送信的人忙说："我是送信的。"韩复榘说："送信的更应该枪毙!"那人就稀里糊涂地被杀了。沈从文离开湖南的一个重要的原因就是看不惯军阀对百姓的残杀。当一出出悲剧再度上演，他便没法再坦然地在北京待下去了。

此时沈从文的母亲和九妹为了躲避战乱来到北京，一家人靠着沈从文一人微薄的稿酬生活。社会的动荡，局势的紧张，再加上因北新书局等出版机构南迁所带来的作品出版与发表困难，都使沈从文承担着很大的压力。

综合上述种种原因，沈从文终于做出了去上海的选择。1928 年 1 月，在坐了一周的船后，沈从文来到了上海，开启了他人生的另一个阶段。

第四章
在上海浮沉

一周所得

沈从文去上海的目标非常明确，就是为了摆脱北京糟糕的创作环境，更好地写作。于是，几乎是刚在上海的善钟里住定，他就开始了辛勤的耕耘。

他在上海进行的第一项工作是为《晨报副刊》写《南行杂记》。这部作品是用信件的方式呈现的，一开篇就直言上海给他带来的震撼，认为在上海待一个礼拜的所得，比在北京待一年还多。

这第一种所得就是与钱有关的，他预备去取80元稿酬，却费尽气力才从特例的通融中拿到50元钱。第二种所得是日常生活的不易，买菜、淘米、煮饭……样样都让他头脑发晕。善钟里三号楼每月的房租是13元，比起北京贵了不少，但在上海已经算是实惠的了，难过的是，上海倒马桶要钱，扫地的妈妈要钱，米也贵，炭也贵，生活的琐事扰得他无法安心写作。第三种所得是发现上海的大学生精神足，爱热闹。他的邻居是五六个“天真烂漫”的大学生。早上天一亮，学生们就挨个扯着嗓子学鸡叫。学完鸡叫，他们又咿咿呀呀地唱戏，“情哥哥”长，“情哥哥”短地唱个没完。中午等待开饭的时间也不能浪费，他们会拿着碗筷当乐器，叮叮当当地边敲边唱。晚上就更热闹了，打牌声，硬币旋转、撞击、掉地之声不绝于耳。写作需要心静，有这样一帮邻居，沈从文艺术创作的灵感早就被赶跑了。第四种所得相比起上面几种来有趣一些，是关于上海的女人的。在四马路的转弯处，沈从文看到两个年轻女士拉着个又老又矮的男人，三人亲亲热热，扭扭捏捏的，引人联想。这件事让沈从文感觉到了人类的悲哀，并认定自己是不适于在上海居住的了。第五种所得仍然是关于钱的。他发现，有钱独步上海，无钱寸步难行。是啊，上述种种不如意都是可以用钱来解决的。他说他常常做发财的梦，梦见有了五六万元钱，脱离了吵闹的住处，找到了年轻的太太，没有了一切苦恼。

钱不是问题，问题却恰是没钱。怎么才能通过写作赚钱呢？张采真给他提出了三条建议：一是写性史；二是写穷苦青年的爱情故事；三是写夹杂着爱情因子的革命事业。遗憾的是，这三条路沈从文都不愿意走，张采真也知道他的朋友没法进行这样的写作。两人只好放弃了这些发财的秘籍，沈从文仍然按照他的性子写一些无关乎政治得失、不同于肉欲表现的文字。

花边新闻

1928 年 3 月，两位老朋友突然到访——胡也频和丁玲也来上海了。因为上海的房租实在是太贵了，三人便决定共同住在沈从文这里。有了好朋友的日夜陪伴，日子有趣多了。可是，新的问题又接踵而至。

沈从文发现，胡也频和丁玲之间不时会爆发出激烈的争吵。虽然小两口间的吵闹在北京时就经常发生，但最近他们争吵的原因却不再是日常生活的琐事了。原来，胡也频和丁玲之间出现了第三个人——冯雪峰。

早在北京时，沈从文、胡也频和丁玲就有过去日本留学的想法。为了实现留学的目标，1927年冬天，丁玲找到了冯雪峰学日语。但只教了一天，两个人之间的教学互动就停止了。冯雪峰的相貌并不出色，却迅速地俘获了丁玲的心。爱情这东西确实奇怪，它来的时候无声无息，也不讲道理。丁玲在《莎菲女士的日记》中，借莎菲的口说过："我总愿意有那么一个人能了解得我清清楚楚的，如若不懂得我，我要那些爱，那些体贴做什么？"很显然，共同的人生理想使冯雪峰和丁玲实现了心意相通。丁玲清楚地认定：这是她这一生中第一次看上的人，她拥有了一段"伟大的罗曼史"。可这时丁玲身边已经有了一个胡也频，怎么办呢？此时的丁玲陷入了纠结之中。一方面，她知道自己对于冯雪峰的情感是超越了一切的宝贵爱情，另一方面，她又知道自己和胡也频之间有着非常坚固的感情，如果她离开，胡也频会自杀的。思来想去，理性战胜了情感，丁玲决定和冯雪峰保持"柏拉图式"的关系，不再和冯雪峰见面了。风波平息了，胡也频与丁玲和好如初，但新的一场风波又袭来了。这次是关于沈从文、胡也频和丁玲三人的，一些三角恋的故事传得沸沸扬扬了。

事情的起因似乎和沈从文在《记丁玲》中的表述有关。因为他在《记丁玲》中用到过"同住"这个极易引起误会的字眼。"同住"二字显然引起了某些人的误解。"同住"并不是"同居"。事实上，当时沈从文的母亲、九妹、丁玲的母亲也和他们"同住"。那小楼的二楼住的是胡也频、丁玲和丁母，三楼则住着沈从文一家，两家人分别生火做饭，互不干扰。不过，好事者不会在意这些真相，他们要的是博人眼球的花边新闻。

办刊物

三人聚到一处，曾经的办刊梦想又被点燃了。随着现代印刷工业的成熟，出版业成为上海最赚钱的行当。除了老牌的北新书局外，上海街头涌现出了一大批新的书店。这对于三人而言是一件大好事。

这时，一个刊物的主编彭学沛要找一个人去

编副刊，沈从文便向他推荐了胡也频。胡也频负责副刊的编辑工作后，每月可以拿到七八十元的酬劳。这在当时是一笔不容小觑的收入。彭学沛从不过问副刊的编辑工作。为了保证每期刊物的顺利发行，沈从文和丁玲都自发地参与了进来。慢慢地，三人都积累了相当的编辑刊物的经验，知道了不能仅仅关注文学问题，而是要综合政治、经济等各方面的因素进行考量。后来，他们从副刊的编辑工作中退了出来，索性借了钱办起了自己的刊物《红黑》月刊，并筹办“红黑出版社”，预备出版“红黑丛书”。三人之中，最忙的要数胡也频，编辑、送稿、算账、买纸、印刷、联系书商，事无巨细，都靠他一人。沈从文和丁玲则主要负责撰稿、审稿、抄订户名单、分派刊物等琐事。

1929 年 1 月 10 日，《红黑》创刊。10 天之后，《人间月刊》也问世了。三个漂泊青年原本遥不可及的梦想，终于实现了。《红黑》第一期出版时，三人特意去四马路与北四川路的各个书店中查看刊物的销售情况。当看到那一本本厚重大方的刊物或整齐地陈列在橱窗中，或被捧在读者的手中时，三人都露出了开心的笑容。他们从这家书店逛到那家书店，品尝着成功的果实，坚定了自己的信念。

凝聚着三人希望与汗水的《红黑》果然不负众望，第一期刊物就售出近一千本。贺信从北京、厦门、武昌和广州寄来，很多朋友都希望能一睹这优质的刊物。三人盘算着，为了满足读者的需求，以后每期应当加印至五千册。

为了保证《红黑》和《人间月刊》的正常发行，三人比之前更忙了。他们一边忙办刊的杂事，一边勤勉地撰文。因为怀着美好的愿望，三人在这段时间内都写出了很多在技巧和内容两方面都十分优秀的文章。

1929 年正是革命文学论争最激烈的时候，那时的好多刊物都是作家论争的阵地。沈从文对于文学有自己的认识，他认为文学必须先根植于现实生活，然后再借助想象的翅膀飞到另一个世界去，文学创作只有在自由的天地中才能任意驰骋。秉持着这种文学观的沈从文自然不愿意让刊物变为政治宣传和商业逐利的工具。想要继续保持文学的独立性，沈从文就只能以自己的力量维持刊物的正常运转。

上海的收入比北京高不少，但生活成本也在成倍地提升。沈从文不仅要用稿酬作为家庭的日常开销，还要用其为母亲治病，供妹妹上学。尽管沈从文夜以继日地写作，仍然难以从精明的书商那里获得应得的报酬。100 元 10 万字的稿酬原本已经十分廉价，却还常常少付或拖欠。

有一次，沈从文去书店拿本属于他却迟迟未付的稿酬，好话说尽却仍拿不到一分钱。沈从文央求道：“你们譬如做好事。”书店经理却趾高气扬地回答：“一个钱也不行。”沈从文无奈之下，只能坐在书店门口，看着来来往往的顾客发呆。他不明白，为什么明明那么多人买书，自己却拿不到一个钱。

唯一的办法还是继续贱卖文字。生活压力太大时，流鼻血和头痛的旧疾就会来找他的麻烦。他常常是忍着头痛，流着鼻血写作。就算脸上、衣服上，甚至稿纸上都沾满了鲜血，他仍然不敢停歇。谁能想到书商们口中的天才作家，竟然会被资本压榨成这副模样。这段时间，沈从文的笔端频频流露出“死亡”“自杀”等负面情绪。尽管他仍然在生活中挣扎，但他小说中的主人公却常常在各种重压下走向人生的穷途末路。

到了1929年春天，《人间月刊》在编了四期后终于难以支撑了。8月，《红黑》勉强出到第八期，也停刊了。随后，胡也频去了山东教书，丁玲也去了济南，沈从文的母亲独自回湖南去了。沈从文在将九妹托付给董秋斯夫妇后，打定了去吴淞中国公学教书的主意。

教书去

中国公学创办于1906年，是早期较有影响力的大学之一。这所学校曾得到黄兴和孙中山的扶持，曾大胆实践梁启超教育救国的理念，培育出包括胡适、冯友兰、吴晗、何其芳等一大批的优秀学生。让只有小学学历的沈从文去极负盛名的中国公学当老师，这一极有想象力的建议是由徐志摩提出的。

1928年，胡适出任中国公学的校长，他接受了徐志摩的推荐，聘用沈从文担任国文系讲师，主讲新文学研究和小说习作。促使胡适做出这一抉择的除了他与徐志摩、沈从文的交情，还有他对于大学发展的考量。胡适认为中国公学中国文学系的发展应该力图兼顾历史的、欣赏与批评的和创作的三个方面，沈从文的加盟无疑有助于学生创作能力的培养。

对于沈从文而言，情况又是怎样的呢？

沈从文离开湖南北上时就为自己设定了一个目标：上大学。虽然他并没有如愿地被大学录取，但大学梦始终萦绕在他的心头。一个能去大学教书的机会，对于他而言自然是十分难得的。可他在兴奋之余又有些忐忑。放眼望去，当时在各个大学教书的大部分都是高学历人才，有好多还是海外留学归国的博士，可是他自己非但没有大学学位，甚至连中学都没有念过，仅凭在北京旁听的经历和创作的经验，能站稳讲台吗？

他给胡适写信说担心自己的课程只会给学生带来趣味，而不能给学生带来知识，并表示，如果校方对他的表现不满意，可以随时辞退他。可以发现，沈从文在写这封信时措辞极为注意，不仅抛弃了得心应手的新白话，还放低姿态提出可以少给酬劳，甚至允许校方随时辞退他。一向自负且有主意的沈从文，在大学教师的头衔面前显得底气不足了。

1929年9月，沈从文终于迎来了宝贵的人生第一课。万事开头难。为了上好这第一堂课，沈从文认认真真地准备了够讲一个多小时的授课内容。为了给自己打气，他特意花费八元钱，乘包车从从容容到校，可进入教室后，他还是害怕了。

沈从文当时已经是小有名气的作家了。他笔下的湘西世界美丽而又神秘，充满了生命的活力与灵气，令人向往。沈从文要来上课的消息在学校里不胫而走，文学系和其他系的学生一股脑儿地挤进教室，想要一睹天才作家的风采。沈从文本就紧张，看到一教室学生就更轻松不起来了。他低着头走上讲台，看着一双双充满好奇的眼睛，头脑一片空白，原本准备好的演说内容一句都想不起来了。台上台下皆感觉到了一种由沉默所带来的压力，学生叽叽喳喳议论的声音越来越小了，再后来，挤满人的教室鸦雀无声。将近十分钟后，散乱的思绪终于又涌现在了他的脑海里。可当他开始讲课，一个新的问题又来了，原本预计要讲一个多小时的内容在20分钟之内就说完了，之后又是长时间的沉默。教室内的空气仿佛都凝固了，沈从文在学生们的注视下，拿起粉笔，在黑板上写下："我第一次上课，见你们人多，怕了。"

消息很快传到了胡适那里。胡适却不以为意，认为沈从文的成功恰在于上课讲不出话来却没有被学生轰下台。多年之后，胡适指出沈从文是中国公学最受学生爱戴的老师。

一个恋爱

就这么磕磕绊绊的，沈从文在大学站稳了脚跟。多年之后，他回忆起这段教书经历，仍然不免感慨："我在中国公学教书，有得也有失啊。"在这得失之中，得的部分远大于失。在这段时间中，他不仅利用学校的图书馆阅读了大量文献，丰富了知识，还创作出了《沈从文子集》《沈从文甲集》《虎雏》等小说集，文学创作从初创期逐渐朝成熟期发展。另一个十分重要的收获体现在他的个人生活方面。到中国公学任教时的沈从文已经 27 岁了，他对于爱情和家庭的渴望越来越强烈，他爱上了外文系二年级的学生张兆和。

张兆和是合肥人，其父张武龄既是富商又是教育家。张武龄尤其注重推动女子教育，他的四个女儿个个都被他培养得秀外慧中、德才兼备。

叶圣陶曾预言："九如巷张家四个才女，谁娶了她们都会幸福一辈子。"张兆和便是张家的第三个女孩。

张兆和 1927 年入读中国公学预科班。当时的中国，女孩子能够获得读书机会的本就不多，女大学生更是稀罕物。张兆和亭亭玉立，走到哪里都是最靓丽的风景。因为肤色较深，张兆和有个"黑凤凰"的雅号。这只"黑凤凰"不仅文化成绩好，体育也非常出色，曾经获得过学校全能运动会的冠军，还是女子篮球队的队长。不知从什么时候开始，"黑凤凰"飞进了老师沈从文的心里。

从沈从文曾经追求马泽蕙的过程可以看出，他是一个用情至深的人。当他一旦陷入爱情的旋涡，便很难抽身离去。他总在学校里寻找张兆和的身影，希望能对她一诉衷肠。可当张兆和站在他面前时，他却只敢和她聊学业上的问题。当时追张兆和的男生极多，沈从文不能再等了，他决定通过写信的方式向张兆和表白。

1930 年春天，刚开学不久，张兆和便收到了沈从文的告白信。她并没有惊讶，之前沈从文的种种举动已经让她隐隐地感觉到了这老师对她特殊的情感。聪明的张兆和选择用冷处理的方式应对沈从文的求爱，希望时间能够让对方的激情退去。可沈从文并没有停止的意思，信件一封封地袭来，从春天一直写到了夏天，张兆和渐渐地苦恼了起来。她决定去找校长胡适。

胡适知道张兆和的来意后并不惊讶，他已经从沈从文那里听说过这段单相思的爱情故事了。胡适夸沈从文是一位天才型的作家，是中国小说家中最有希望的一位，希望张兆和能够接受沈从文。张兆和却直言自己对沈从文没有感情，也不愿意把时间浪费在应付各种求爱信上。这一下胡适也就不好说什么了。他叹了一口气，表示愿意写信劝劝沈从文。

1930 年 7 月 10 日，胡适给沈从文写了一封信，告诉沈从文张兆和并不爱他，劝他放弃这段无结果的爱恋。

沈从文并没有因为胡适的劝慰而放弃对于爱情的追逐。他在 7 月 12 日给张兆和写了一封六页长信。在信中他说自己自从遇见了张兆和就将所有自尊都放下了，一心只想成为张兆和的奴仆，即便是求之不得，也甘之如饴。这封信使张兆和产生了一些触动。

沈从文不顾一切的爱感动了张兆和。尽管张兆和仍然没有给沈从文回信，但她对沈从文的态度发生了改观，不再把他当成一般的追求者了。

沈从文的情书写得太好了，张兆和虽然不爱沈从文，却忍不住在日记中摘抄沈从文的文字。慢慢地，那些文字发挥了奇妙的作用，一个女子的心门被它们敲开了。

1932年8月初，给张兆和写了四年情书的沈从文来到了苏州。这时的张兆和已经从中国公学毕业了，沈从文也早已在1930年9月离开了上海。他先是去了武汉大学任教，后来又回过上海和北京，在经历了很多朋友的变故后，他选择落脚在青岛大学中文系。他这次来苏州，是专为向张兆和要一个明确的答复。为了这次的会面，沈从文特意卖了一部书稿，并委托巴金帮他在上海选购了一份珍贵的礼物：一大包英译精装本的俄国小说和一对精致的书夹。可当他满怀希望地敲开张家大门时，却得知张兆和并不在家。沈从文难过极了，他无法判断张兆和是真的不在家，还是有意躲着他。他把自己的住址留给张兆和的二姐张允和后就垂头丧气地回旅馆去了。

回到旅馆后的沈从文不禁回想起这四年来的种种，越想越懊恼，觉得张兆和完全没把他放在心上。正当他在生闷气时，张兆和敲响了他的房门，继而满脸通红地向他发出了邀请："我家有好多个小弟弟，很好玩，请到我家去。"沈从文高兴极了，他急忙把精心准备的礼物送给张兆和，然后跟着张兆和回了家。

到了张家后，张兆和的五弟张寰和热情地用自己的零花钱请沈从文喝汽水。这使沈从文感动极了，他马上承诺要写一些故事送给他读。于是，1933 年出版的《月下小景》中的每一篇小说的末尾都写有"为张家小五"的字样。这一次的会面升华了沈从文和张兆和的感情。返回青岛后，沈从文给张兆和写信："如爸爸同意，就早点让我知道，让我这个乡下人喝杯甜酒吧。"张武龄十分开明，从不干涉儿女的婚恋自由。于是，"乡下人"很快收到了"喝甜酒"的邀约。

1933 年初，沈、张二人订婚，张兆和不久后就随沈从文来到了青岛。

第五章 在青岛的日子

1931 年的悲剧

爱情故事总算迎来了美满的结局，但在艰难寻爱的这两三年里，沈从文的个人生活并不如意。最难挨的便是 1931 年。

1 月 1 日，沈从文得到了两个坏消息，其一是父亲沈宗嗣去世了。沈宗嗣漂泊半生，1929 年回到凤凰担任中医院院长，可惜平静的日子只享受了一年。其二是他的好朋友共产党员张采真因为叛徒的出卖，被国民党逮捕，在武汉被枪毙了，留下了一个怀孕的妻子和两个女儿。这时，九妹沈岳萌又患病住院。各种事情搅得他心绪不宁。

1 月 6 日，沈从文见到了分别不久的老朋友胡也频和丁玲。他敏感地发现两位老朋友都有了些变化。他们有了更加明确的奋斗目标。1930 年 3 月，中国文坛发生了一件大事——中国左翼作家联盟成立了。这是共产党直接领导下的进步文学艺术团体，成立的目的在于发展无产阶级文学，援助无产阶级革命。胡也频和丁玲经潘汉年介绍于 1930 年 5 月加入左联后，胡也频被选为左联执行委员，担任工农兵文学委员会主席，从事切实的革命活动。11 月，胡也频成为一名共产党员。他们的小家庭更加稳固了。两人的儿子已经出生两个多月了。这时的胡也频计划着去江西。沈从文看他身上的衣衫单薄，便把自己的厚绒长袍送给了他。

1 月 17 日一早，胡也频出门开会，和丁玲约好中午回家吃饭，以便下午可以和沈从文一起为房东的儿子写挽联，可一直没有回来。丁玲的心中隐隐地有了些不好的预感。

18 日天没亮，一夜未眠的丁玲去找冯乃超。冯乃超又带着她去找冯雪峰。三人最终推测，胡也频应该是被捕了。接着，沈从文送来了一张纸条，上面是胡也频的字迹。原来，他在苏维埃代表大会准备会的机关中被捕。他托丁玲转告组织，他是一定不会投降的。丁玲握着纸条，表现出异于常人的冷静，她对沈从文说："我要设法救他，我一定要把他救出来！"

在接下来的几天里，沈从文陪着丁玲四处奔波，终于在龙华司令部看到了胡也频。胡也频还穿着沈从文送给他的袍子，非常精神。他们一边到处找人帮忙营救，一边通过打点看守和胡也频建立起通信，却得到了胡也频已于 2 月 7 日晚上牺牲的噩耗。胡也频和柔石、殷夫、冯铿一起被乱枪打死了。

胡也频牺牲之后，丁玲的处境也变得危险了。3 月底，沈从文带着从郑振铎、徐志摩那里筹得的路费陪同丁玲返回湖南常德，以便将她的孩子交给丁玲的母亲抚养。在常德待了几天后，沈从文和丁玲又返回了上海。8 月，沈从文去了青岛大学，丁玲留在了上海。胡也频虽然牺牲了，但他永远活在了丁玲和沈从文的心中。

1931 年的悲剧并没有随着胡也频的去世而结束。11 月 19 日，徐志摩乘坐的飞机因遭遇浓雾撞到了济南附近一座高度不足一百米的白马山半斜坡上。飞机触山后立刻燃起了大火，驾驶员被烧得面目全非，徐志摩的头部被撞出一个大洞，左臂、左腿都折断了，状况极其凄惨。沈从文21日接到噩耗后，22日即刻赶到济南悼念亡友。沈从文看着躺在灵柩中的徐志摩，看着梁思成、林徽因亲手编制的花环，看着徐志摩身上那一套与他生前性情、喜好全不同的旧式寿服，往事一一浮现，不由得悲从中来。在之后长达50年的时间里，沈从文很少写出悼念亡友的文字。他知道，纪念志摩的唯一的方法，就是延续徐志摩的精神，扩大个人的人格。

在徐志摩走后的漫长岁月中，沈从文延续和发扬了徐志摩待人接物的热忱态度和平等待人的道德修养，他将自己的生命视为了好友生命的延续。

海天之间

亲友接二连三地死去，使沈从文开始反观自己的人生。他想到从记事以来经历的大大小小的惨剧，那些在战争中被割下的人头和耳朵，在清乡时糊里糊涂死掉的人，病死的父亲，被乱枪打死的朋友，以及想飞却从云雾里跌下来的徐志摩。生死毫无疑问是人生中的大事，但又稀松平常。他不明白为什么勇猛的，善良的，有力的，有理想的，有闯劲的全都早早死去，懦弱的，虚伪的，狡猾的，懒惰的却仍在悠闲地喝酒、听戏、开会、打闹？想得多了，沈从文的心境也不同了。他似乎成熟了，不再沉溺在抑郁、悲哀的情绪中，不再整天把“自杀”“死亡”挂在嘴边和笔头，他从一个感性的青年成长为一个理性的中年，越来越坚强、开朗和稳重。

青岛大学良好的工作环境给沈从文提供了极大的帮助。文学研究有一种崇尚复古的倾向，简而言之，就是研究的东西越老越好。因此，在各大学的中文系中研究古代文学的永远是最受器重、最被同僚和学生尊敬的。相比起来，研究新文学的就显得有点不入流了。沈从文因为从事新文学的创作和新文学课程的讲授在中国公学和武汉大学工作时总自觉低人一等，这种状况在青岛大学得到了一定程度的缓解。

青岛大学的工作氛围十分融洽。在沈从文来之前，同事们就已经打成一片，经常举行非正式的聚餐、聚会，并产生了一个名为“酒中八仙”的小团体，核心成员有杨振声、闻一多、梁实秋、赵太侔、陈季超、刘康甫、邓仲存、方令孺等八人，其中既有学校领导，又有普通老师，既有男，又有女，相处起来十分有趣。沈从文虽然没有加入“酒中八仙”却也被轻松愉快的氛围感染，不仅自卑之情得到了缓解，还认识了不少好朋友。

青岛大学对沈从文的滋养不仅来自和谐的人事关系方面，还来自得天独厚的自然风貌。沈从文本就是自然中孕育出的精灵，他在自然的天地中感觉自在与舒畅，却在机器轰鸣、灯红酒绿的都市中备受煎熬。“久在樊笼里，复得返自然”的沈从文在晶莹的沙滩、湛蓝的海水和辽阔的天空中重拾生命的活力。

他常携几册书，带几个苹果到海边散步。他沿着望不到头的海岸线向东走。行走使原本静止的风景跃动了起来，这不能静止的美恰恰是他所追寻的。走到无路可走时，他就坐在悬崖边上凝视深海，看海水如何在阳光下变换颜色，看浪花排着队地撞击岩石。两三丈高的大浪有时会将水沫激到他的嘴里、身上。这是不打紧的，那是自然在以形、色、气、味的方式融入他的身体。他想起歌德传记中提到的他年轻时在钟楼上看村景的心情：世界俨然为他而存在。

物我两忘的心境对于创作而言是极有益的。1931 年，《石子船》《沈从文子集》《一个女剧员的生活》等作品接连出版，沈从文的创作日益成熟。与此同时，他的创作激起了水花，一些研究沈从文创作的评论文章也出现了。褒，或者贬，这都不要紧，沈从文成了文坛无法忽视的存在。

1932 年，邵洵美邀请沈从文写一部自传，于是一部仅用三个星期写出的《从文自传》出现了。沈从文从他的出生写起，将他进入都市世界之前的人生完整地呈现在读者面前。《从文自传》是读者了解沈从文的窗口，也是沈从文自己与自己对话的重要通道。在写自传的过程中，沈从文渐渐从过去的人生经验中发现了他人生的特别处，或曰宝贵处。他的苗人血统，湘西的灵气，湘西人的蛮性，军队中参悟的人生……这一切都熔铸在他的生命中，他明确了自己的文学方向和人生目标，他在对过往的回顾和对文字的审视中找到了自己。

丁玲被捕

1932 年还发生了一件很重要的事：5 月 14 日，丁玲在家中被国民党反动派秘密抓捕了。她是被当时的丈夫冯达出卖的。沈从文第一次见到冯达就觉得这人脸白得使人不安，心里泛起了嘀咕：“这小白脸的脸那么白，怎么能干革命呢?”

丁玲被捕后曾在第一时间写信给沈从文，像交代后事一般托沈从文照顾她的母亲和孩子，但那封信并未到达沈从文手中。为了避免胡也频的悲剧再度上演，沈从文在得知丁玲被捕后立即开始动用一切社会资源营救丁玲。5 月 25 日，他撰写《丁玲女士被捕》，6 月 4 日又撰写《丁玲女士失踪》。在这些文章中，沈从文直接对国民党进行批判。他在文中称丁玲的失踪是政治绑票，他批判国民党文化政策的愚蠢，并毫不掩饰地揭露国民党的无能与荒唐。他说穷和乱是当时中国的两个危机。国民党为了自己的政策的推行，弄死几个反对自己的文人，真是愚蠢至极。这种战斗檄文原是左翼文人的专属，在沈从文笔下并不多见。在当时恐怖的社会环境中，沈从文并没有为了保全自己的生命而弃朋友于不顾。他只有一个念头，通过写文章让更多人知道国民党对丁玲犯的罪过，营造舆论压力，迫使当局放人。

6 月 25 日，《大公报》登载了丁玲被枪杀的消息。沈从文也从友人处得到了丁玲遇害的噩耗。沈从文怀着悲痛的心情，在很短的时间内写出了小说《三个女性》，小说中的一位未出场的主人公就叫“莎菲”。他借作品中人物之口表达了自己对丁玲的怀念，认为丁玲就算死了，也会永远活在一切人的记忆中。

紧接着，沈从文又开始创作《记丁玲》等回忆性文章。当时，巴金住在沈从文家，看到他通宵达旦地为丁玲奔走、立传，不禁感慨道：“他爱他的老友，他不仅为她呼吁，同时也在为她的自由奔走。也许这呼吁、这奔走没有多大用处，但是他尽了全力。”虽然后来证实丁玲并没有死，但沈从文对她的友情却是十分令人感动的。

第六章
在北京深耕

结　婚

1932 年夏天，杨振声为了全心编写中小学教材和读物辞去了大学校长职务。他欣赏沈从文的才华，邀请沈从文和他一道去编撰教材。沈从文欣然同意，带着张兆和、沈岳萌一起回到了北京。此时，沈从文和张兆和的婚礼提上了日程。

自从在大学谋得教职后，沈从文的收入比之前增加了不少。在中国公学时，他每月能拿到 150 至 170 元的酬劳，青岛大学也给他开出了 100 元的月薪，再加上稿费，他每月的收入很可观。可沈从文对于金钱没有概念，不会规划，经常是钱一落袋就带着沈岳萌看电影、下馆子，再加上时不时接济学生，一到月末，经济方面就变得很被动了。这种情况一直到张兆和到来之后才好转。张兆和不仅帮沈从文料理家庭俗务，安排沈岳萌的读书事宜，甚至为了缓解经济压力，将自己的一只戒指拿给沈从文当掉补贴家用。这贤惠的品性真应了叶圣陶当初对张家四姐妹的夸赞。

张兆和家是合肥富商，沈从文写信给准岳父，表明想靠自己的力量给张兆和幸福，提出不要张家的嫁妆，也不要张家负责他俩任何经济上的支出。张武龄收到信后十分欣喜，送了女儿一本《宋拓集王圣教序》陪嫁。

1933 年 8 月 24 日，沈从文给沈云麓寄信报喜，汇报了婚礼准备的情况，介绍了张家众姐妹对他们的关心。末了，他由衷地感叹："兆和人极好，待人接物使朋友得良好印象，又能读书，又知俭朴，故我觉得非常幸福。"

9 月 9 日，一场简单而温馨的婚礼在北京中央公园水榭举行。自此，沈从文在都市中不再是无根之人，他有了家，有了牵挂，工作也更加勤勉了。编撰教材、主编《大公报·文艺副刊》[1]，

① 1935 年 9 月起，《大公报·文艺副刊》更名为《大公报·文艺》。

搞文学创作、教书，事业全面开花。1931—1937年间，他有20多部作品集问世。沈从文从无人问津、四处碰壁的北漂，成为炙手可热、独当一面的文学名人。

《大公报·文艺副刊》

沈从文文学影响力的增强和他编辑《大公报·文艺副刊》（以下简称"《文艺副刊》"）有很大的关系。1933年9月23日起，沈从文与杨振声一起负责《文艺副刊》的编辑工作。这对于沈从文的职业生涯而言，具有里程碑式的意义。

《大公报》在中国报刊发展史中是一个特殊的存在。它是中国现代新闻史中存续时间最长的报纸之一，从1902年创刊一直延续至今。它为中国报界开辟出一条文人办报的新路。

《大公报》从1927年元旦开始创办副刊，在创办《文艺副刊》之前，已经创办过以发表剧本为主的《白雪》周刊、以关注女性为主的《家庭与妇女》、以点评电影为主的《电影》、以戏剧评论为主的《戏剧》、以儿童文学为主的《儿童》、具有学院气的《文学副刊》、以运动知识为主的

《体育》周刊和以提升读者审美为目的的《艺术周刊》，副刊矩阵已基本形成。

在沈从文接手副刊的编辑工作之前，与文学关系最紧密的是《文学副刊》。该刊由吴宓主持编辑。吴宓是清华大学国学院的创办人之一，是中国比较文学之父，和陈寅恪、汤用彤一起被称为“哈佛三杰”。《文艺副刊》出现之后，《文学副刊》便慢慢淡出了读者的视野。

这些状况至少传递出两个十分重要的信息：其一，沈从文凭借对于副刊的编辑跻身文学研究的主流队伍；其二，沈从文所进行的《文艺副刊》编辑工作取得了成功。

最开始时，《文艺副刊》每周出两期，1935年9月萧乾加入编辑队伍后变为每周出四期，每期占报刊的一个版面。副刊巨大的用稿需求密切了沈从文与诸多作家之间的关系。这些作家有的是资深的教授与学者，如朱自清、冰心、周作人、冯至、俞平伯等，有的则只是普通作家和青年学生，比如当时以文学新人身份出现的何其芳、李广田、卞之琳、萧乾、艾芜、沙汀等。

编辑副刊时，沈从文主要负责写稿、组稿和

看稿三个方面的工作。在组稿时，他特别注重对青年作家的培养。后来和他一起负责《文艺副刊》编辑工作的萧乾，便是在这个阶段进入文坛的。1933 年 9 月，萧乾的小说《蚕》在《文艺副刊》上发表，当时的萧乾还是燕京大学的学生。自此，萧乾与沈从文结缘。他早期小说的第一个读者几乎全是沈从文。沈从文总是耐心地读完、改完，再将那些小说发表在《文艺副刊》上。有了沈从文的帮助，萧乾成长得很快。一年后，他的第一部短篇小说集《篱下集》呼之欲出。沈从文难掩对于萧乾的欣赏之情："他的文章我除了觉得很好，说不出别的意见。"这种不加掩饰的欣赏是对萧乾最好的褒奖与鼓励。沈从文赞扬萧乾的话语让读者有似曾相识之感。他看着萧乾就像看到曾经在"窄而霉小斋"中苦苦坚守文学理想的自己，他对于萧乾等年轻作家的鼓励是对徐志摩精神的延续。

"京派"与"海派"

沈从文不仅为《文艺副刊》精心组织稿件，还亲自撰写稿件。1933 年 10 月 18 日的《文艺副刊》第八期上刊载出沈从文的一篇杂文《文学者的态度》，这篇杂文中谈到当时的社会虽然腐烂和崩溃到了极点，但正是文学发展的关键时间，完全有希望孕育出一面记录时代苦闷，一面彰显民族复兴希望的作品。可当时的文坛中却一面是一群玩票白相的文学作家，一面却是抱着不现实愿望的教授。这种文学的态度对于文学的发展乃至社会的进步肯定是有百害而无一利的。对此，沈从文呼吁文学家改变自己的态度，用“诚实”的态度去做。

这种观点本身并无大的问题，可沈从文在接下来的文字中却分别对“上海”和“北京”的文人、作家进行了评点。这种“似有所指”的做法刺痛了某些作家的神经。当时身在上海的戴克崇（笔名苏汶、杜衡等）马上在《现代》上发表《文人在上海》，联系沈从文曾经在《窄而霉斋闲话》中提到的“海派”概念，认为“海派”的提法影射着在上海的全部文人，有失公允。1934 年 1 月 10 日，沈从文发表《论“海派”》回应杜衡，指出“海派”并不是一个历史概念和地域概念，它的含义中包含名士才情与商业竞卖的结合，又有投机取巧和见风使舵的含义。为了防止产生歧义，沈从文特意指出，“海派”与是否在上海并无直接联系，他特意指出茅盾、叶绍钧、鲁迅等作家虽然也生活在上海，但绝对不属于“海派”文人。

言至于此，沈从文对于“海派”的观点已经十分清楚了，可文坛对于“京派”和“海派”的论争却仍没有平息，连鲁迅、周作人等都加入了讨论之中。鲁迅是年在1月30日连写《“京派”与“海派”》《北人与南人》对这一问题进行讨论，并用“官的帮闲”和“商的帮忙”概括“京派”与“海派”的特点。

当文坛围绕“京派”“海派”问题展开激烈讨论时，沈从文已南下返湘，旅途中消息传递不畅，当他重新返回北京后，才意识到这种论争的激烈程度，但他无心进一步卷入论战。2月21日，他在发表了《关于“海派”》后退出了对于这一问题的讨论。

20世纪30年代初的“‘京派’与‘海派’之争”是中国现代文学史上十分值得关注的一场文学论争。从沈从文在这场论争中留下的文字中可以看出沈从文的文学理性与抱负，他从踏入文坛的第一天起就以通过文学改造社会为己任，并始终朝着这个目标奋进。他在多篇文章中反复强调的文学者应秉持的诚朴态度正是他这种文学理想的投射。

湘行记

因母亲病重，沈从文于 1934 年 1 月 7 日踏上了返湘的路途。这是他自 1922 年北上逐梦后的第一次返湘。

在长达一个月的旅途中，沈从文并没有闲着。他和新婚妻子张兆和约好每天要写一封信寄回家，和她分享回湘途中的见闻。1991 年，这些信件被编辑成《湘行书简》出版。该书和 1936 年出版的《湘行散记》一道为读者还原了沈从文的返湘之旅。《湘行书简》以三封张兆和写给沈从文的信为开端，之后便是沈从文致张兆和的信。其中，最早的一封写于 1 月 12 日。这时沈从文已离京五天，身处湖南省桃源县了。他随身携带了一整套彩色蜡笔，预备将家乡的美景一一记录下来供张兆和欣赏。

这个在水边长大的自然之子，一回归河流与

自然的怀抱便无比自在、畅快。他重新感受到了不同于都市风貌的乡土人生，山川、河流、船只，甚至是船上的水手和河底的游鱼都充满了生命的活力。

他一面记录河流两岸的风景，一面向妻子说着情话。原本约好的一天一封的做法已经丧失效用了，仅仅16日这一天，沈从文就给张兆和写了六封信。他希望张兆和能在梦里来寻他，和他一起感受船的轻飘和青鱼的鲜美。有的时候，他看着水手们嬉闹会有时光交错之感，觉得自己还是十多年前的少年，形单影只地搭乘着船只上行。他感叹自己一生中最好的时光就是在水边、船上度过，如今又回到船上，似乎是命运转了一个圈儿，悄然回到了原点。

湖南的河水还是那么热情，似乎用尽一切力气要将人撵走。他的小船在上一处名为“骂娘滩”的险滩时有好几次都被急流冲下，几乎是在浪中间钻过，凶险异常。沈从文从这人与河流的搏击中感受到了河流对于湘西的独特意义。这河流将湘西同都市隔绝，一切极朴素、野蛮、原生态的东西因为这种隔绝而被保留了下来，让他这个乡下人获得了智慧与品德，读懂了人生。

1 月 18 日，小船终于征服了大部分的险滩，进入了一个平静的如同镜面一样的水潭。山水秀丽如同西湖，阳光将两岸小山的绿色映照得更加鲜艳。沈从文站在船舱看了好久的水，从河水中领悟许多智慧，他被夕阳、圆石、渡船和纤夫感动着，发现了历史与河流之间的共通处，发出了“历史是一条河”的感叹。

1 月 20 日，小船在浦市靠岸。22 日下午，沈从文终于回到了凤凰的家中。黄氏这时已经病得很严重了，瘦得很厉害，可沈从文却没有办法在家中长待。一方面，沈从文与胡也频、丁玲的关系已经传到了湘西，在当时令人窒息的政治环境中，任何一点共产党的嫌疑都可能给家庭带来祸患。另一方面，弟弟沈岳荃此时正在陈渠珍手下担任团长，这位黄埔军校毕业生的才干十分出众，沈从文此刻返湘引起了陈渠珍的怀疑，疑心他们要从自己手中夺权。为了避免产生不必要的麻烦，沈从文陪母亲过完生日后于 26 日动身返回北京。这一趟返湘之旅，路上花费了一个月，在凤凰的家中实际上只待了短短的四天。2 月 13 日，黄氏病逝。这是他们母子俩最后共度的时光。

收 获

这次的回湘之行对沈从文之后的创作产生了十分重要的影响。离开故乡多年后重新返湘，使沈从文在看待故乡的人和事时多了一重审视的维度。他将印象中的湘西和现实中的湘西展开比较，敏感地意识到都市文明对湘西文明的入侵。这种入侵是沈从文无法抵挡的，却是他极不愿意见到的，于是，他用文字创建出了一个永远绽放人性光辉的湘西。翠翠、虎雏、柏子、戴水獭皮帽子的朋友等人物形象及相应的故事都在这次回湘的旅途中得到了清晰的架构和完善。中篇小说《边城》便是其中最为精妙的作品。小说中翠翠的原型便是张兆和、崂山的一个女孩子，以及在返湘途中遇见的绒线铺女孩小翠。

《边城》的情节并不离奇，简单而言，这部小说讲述的只是两个男人和一个女人之间的爱情故事。问题在于，为什么这一部情节并不十分曲折，故事也不十分离奇的小说能在中国现代小说史上占据不可忽视的位置呢？答案就在于其中对于人性的书写。

沈从文在《习作选集代序》中写道："我只想造希腊小庙。选山地作基础，用坚硬石头堆砌它。精致，结实，匀称，形体虽小而不纤巧，是我理想的建筑。这神庙供奉的是'人性'。"沈从文笔下的人性究竟以怎样的方式呈现在《边城》之中呢？毫不夸张地说，《边城》中的一切都是人性的象征。

《边城》一开篇便通过对小溪、白色小塔、老人、女孩、黄狗和渡船的描绘，将身处都市的读者带入了偏僻而又静谧的小城，有意营造出一种审美距离，让读者置身其外又渴望融入其中，形成了非常奇妙的审美感受。

小溪、白塔、老人、女孩和黄狗在此刻已经不是普通的物象，已经成为人性的象征。在湘西这片远离城市喧嚣的土地上，渡河需要依靠渡船，端午节要跳下河抓鸭子，表达爱意要借助山歌……这些迷人的风土人情深深地吸引着读者。更引人深思的是小说中几位主人公的行事风格。爷爷尽管生活不富裕，却不愿收受乘客额外支付的钱物；傩送明知选了碾坊可以有享不尽的钱财，仍然固执地选了破旧的渡船；顺顺没有因为两个儿子的“离开”而迁怒于翠翠，反而是愿意将她接到自己家里当成未过门的媳妇看待；翠翠则宁愿守着渡船，等着那个可能永远不回来的爱人……这一系列如长卷般舒展开的情节指向了湘西世界“以义相交”的行事法则，与都市世界“以利相交”的利己倾向形成了强烈的对比与反差，引人向往。

小说除了描绘出茶峒灵动秀丽的风景，塑造出爷爷、翠翠等众多丰满立体的人物，还精心呈现出一个“白塔”的意象。“白塔”是爷爷的象征，也是人性的象征。它在爷爷去世的风雨之夜倒塌，后来又重新修好了。“白塔”从伫立到坍圮，再到重建的过程，表达出沈从文对重塑美好人性的希望，为期待中华民族复兴的国人营造出一个永远的精神家园。书写永恒的人性成了沈从文重要的创作标签。

当然，1934 年的收获还不止于此。11 月 20 日，沈从文与张兆和的长子出生。沈从文将小说《龙朱》中白耳族王子的名字送给了儿子，祝福他美丽强壮像狮子，温和谦驯如小羊。因为，《龙朱》中那清冷的花帕族女子就是以张兆和为原型写成的。

批　判

尽管沈从文写过一些文辞优美的湘西颂歌，但他绝不是一名传统意义上的田园牧歌式作家。他从踏上文学征程的那一刻起就已经打定了要通过文学创作改造中国社会的主意。1933 年引起文坛对“京派”“海派”问题的关注后，他的批判步履并未停歇。

1934 年 2 月，他发表《禁书问题》，批判国民党政府对作家的迫害及文学书籍的检查与禁止是野蛮人的行为。8 月，他又发表《从“小学读经”到“大众语问题”的感想》《〈上海通信〉附记》等文，批评湖南军阀提倡学生读经的做法无益而可笑，直言南京当政者视白话文为洪水猛兽的态度愚不可及。

1935 年 2 月，沈从文在《大公报・文艺副刊》上发表《新文人与新文学》，不留情面地将“新文人”的特征概述为“活下来比任何一种人做人的权利皆特别多，做人的义务皆特别少”，又提出新文学家应肩负社会责任，绝不含糊地表达对社会发展状况的爱憎。8月，发表《谈谈上海的刊物》，通过爬梳上海杂志的发展情况，呼唤纯文学刊物的勃兴，呼吁减少“私骂”。10月发表《废邮存底》，以刊物编辑与作者、读者通信的方式讨论文学问题，结合自己的创作经验，鼓励作家扎实地写作，推动新文学的发展。11月，发表《新诗的旧账》，较有前瞻性地讨论了文学商品化问题，认为商业对于新文学的发展是一柄双刃剑，既可以起到促进作用，也有可能起到阻碍作用。

1936年10月，沈从文的《作家间需要一种新运动》又一次引起文坛的激烈讨论。他在文中提出的青年作家的作品都“差不多”的问题，指出打破这一局面唯一的希望在于作者本身，继而提出应当开展一场“反差不多运动”，孕育更多的文学经典。11月《文学界联合战线所有的意义》和《文坛的“团结”与“联合”》被发表了出来，强调要靠文学救国，作家间首先必须团结。

之后，他还发表了大量带有批判性质的文论。由此可见，沈从文对于文学与政治、经济、教育、文化等诸多因素的关系问题都有着自己审慎的思考，他所进行的文学创作不是天才型的炫技之作，而是结合他文学理想之后的精心营造，承载的是他改造社会的抱负与雄心。

在展开各类批判的同时，他的文学创作也结出了丰硕的果实，仅 1936 年就出版了《湘行散记》《从文小说集》《从文小说习作选》《新与旧》等几部著作。他用十年的创作很好地实践表现一种优美、健康、自然，而又不悖乎人性的文学主张。但是，像他一样固执的“乡下人”太少了，看似嘈杂的文坛也太“寂寞”了。

第七章
在昆明沉潜

南　迁

1937 年很不太平。5 月，日军在北京的郊区频繁进行军演。战争的疑云像围着腐肉乱转的苍蝇，越驱赶越让人心烦意乱。5 月 31 日，沈从文和张兆和的第二个儿子沈虎雏出生。和沈龙朱一样，这个孩子的名字也是沈从文从小说《虎雏》中提取出来的。在小说中，虎雏是一个勇猛得如同小狮子的小兵，他长得很漂亮，却充满着野性，像一个野蛮的灵魂，装在一个美丽的盒子里。沈从文寄予在两个儿子身上的希望是不一样的。他更希望这个出生在战争阴云之中的幼子能多一点蛮力和闯劲，给这老态龙钟的中国注入一点新的活力。还没有等到小老虎崽长大，7 月 7 日，卢沟桥事变就爆发了。

原本已经十分复杂的国内形势更加糟糕，偌大的北京城已经容不下一张平静的书桌，教育部秘密通知北大、清华的知识分子撤离，很多人都在忙碌着。说是撤离，其实无异于逃难。在兵荒马乱之中，如何保证两个年幼孩子的安全？走，还是不走？沈从文和张兆和犹豫了。最终，他们决定让沈从文先去上海，安顿好后张兆和再带着孩子过来团聚。8 月 12 日，沈从文和杨振声、朱光潜等人一起离开了北京。他们计划经天津，到南京，最后到达上海。可战争年代中的计划永远跟不上变化，稍有不慎就有性命之虞。8 月 14 日，已经到达天津的众人收到了上海失守的消息，只好先去济南，再去南京想办法。

战争给国家带来了深重的灾难，视野所及之处全部是荒凉与残破。他们在船上看到中日两军对峙，侵略者的潜艇像潜伏狩猎的鳄鱼，黑洞洞的炮口直指向悲哀的陆地。他们在火车上看到侵略者的轰炸机肆无忌惮地划过中国的天空发出猖狂的轰响，衬托得菜色男女的惊叫更加凄凉。到处都是断壁残垣，到处都是硝烟弥漫，到处都是疲惫的难民和凄厉的哭声。10 多天后，历尽坎坷的一行人终于到达南京。可此刻的南京正在遭受日军上百架轰炸机的摧残。正在和英、法使馆商议军备事宜的胡适、傅斯年等人在这场轰炸中差点丧命。在危难的关头，北京大学、清华大学、南开大学做出了一个重要的决定：继续南迁，到湖南去组织临时大学。在南迁的过程中，沈从文决定暂留武汉，在武汉大学图书馆中编辑《大公报·文艺》和教材。

12 月 13 日，南京沦陷。教科书的编撰工作随之暂停。紧接着，延安方面传来消息，邀请十位作家去延安，并承诺将提供写作上的便利。这十人名单中除了有沈从文，还有巴金、茅盾、老舍、曹禺、萧乾等人。12 月，沈从文和曹禺等人特意为此事到长沙找徐特立了解情况。徐特立认为战争不会在短期内结束，提出了两个方案：一是去延安投身左翼文学创作，二是留在国统区做后方团结工作。沈从文考虑到湘西在抗日战争中有可能发挥的特殊作用，选择了后者。他敏锐地意识到，与北京、南京、上海、武汉等大城市相比，偏僻的湘西更加安全，在后勤物资供应和兵役补充上均占有十分重要的地位。可是，谁能把湘西的位置照亮，将湘西人的激情点燃呢？他感到了自己肩上沉甸甸的责任。

报 国

1938年，他回到了湖南沅陵，向昆明转移的大学师生也到达了沅陵。偏僻的位置将这里与战火隔绝开来，使师生们能暂时享受平静与安宁。沈从文忙着招呼远道而来的朋友们，闻一多、萧乾等人都住进了他家。不久，沈岳荃也从长沙回来了，兄弟终于得以团聚。这些亲友齐聚的情景本应是幸福而美好的，但战争像是锁住众人喉咙的巨手，压抑和紧张的情绪在四处蔓延。

沈从文的这次返湘，一方面是跟随联合大学南迁的脚步，另一方面则有自己的考量。他已经不再是顶着祖辈光环的沈家少爷，而是使国人对湘西改观，甚至心生向往的作家，是湘西人的骄傲和希望。为了调动湘西军人参与抗战的热情，他让沈云麓将陈渠珍、龙云飞等要人请到家中，展开了一次非常重要的谈话。这些人要么是沈从文的旧相识，要么是他的亲戚朋友。他们听沈从文讲述离家十多年来的经历，回顾以“乡下人”身份走过的艰难历程，细数回湘旅途中目睹的战争的残酷，无不动容。谈了大约两小时后，沈从文将此次召集大家会谈的原因和盘托出。

他认为湘西和湘西人在抗战期间可以发挥非常重要的作用。既可以为抗战队伍输送彪悍的兵士，又可以对外开放为躲避战乱的外来公司机关、工厂和流离失所的难民提供栖身之所。如果大家把握好了这次机会，完全可以帮助湘西摆脱“匪区”的污名。

沈从文的这一番谈话显然经过了深思熟虑。他将国家安危与湘西荣辱相结合，将地方繁荣与个人发展相联系，既不回避外界对湘西的误解与歧视，又肯定了湘西人的家国意识与军人本色，既有意义引申，又有实践指导。潜藏在他血脉深处的将军之魂似乎觉醒了，两个小时的谈话显示出他惊人的战事分析能力和宣传鼓动技巧。甚至于，他的目光触及了遥远的未来。他深知要转变湘西军人的观念，发挥湘西的战时支援作用，仅靠一次谈话是不够的。为了将这一观念更广、更有效地铺开，他在脑海中已经构思好散文《莫错过这千载难逢的报国机会》和散文集《湘西》，希望通过艺术化的表达起到更加切实的效果。龙云飞等将领带着八千名苗族士兵加入了抗日战争的洪流之中，并在湖北取得了宝贵的胜利。会谈结束后不久，沈岳荃也收到长沙发来的急电，以“荣誉军团”的身份奔赴南昌参加战斗去了。

面对弟弟的出征，沈从文的情感是复杂的。他深知战争的残酷，担心弟弟的安危，但他又不能阻止弟弟投身这伟大的事业。他站在河岸边长久地注视着弟弟的航船，眼睛湿润了。这时，他抱定了写作长篇小说《长河》的念头。他要沿着沅水流域，写琐碎人事，写战争对湘西造成的影响，写外人所不了解的真正的湘西。

教“习作”

处理好家乡的各项事务，沈从文跟随联合大学的步伐继续南迁。20 多天后，他们终于到达了昆明。长时间的奔波劳累，再加上水土不服使沈从文一到昆明便病倒了，要么流鼻血，要么发高烧，半个月后才逐渐好转。他的住处兼办公室设在青云街，离云南大学很近，和萧乾、杨振声等好友是邻居。稍有闲暇，施蛰存就会来找沈从文聊天、逛夜市、淘古董。

9 月 28 日，日军的轰炸打破了昆明的和平与宁静。空袭警报急促而刺耳的轰响后紧跟着的是震耳欲聋的爆炸声。街道、房屋、树木……视线所及的一切都在晃动、破碎、坍塌。当人们捂着耳朵惊慌逃难时，沈从文静默地看着腾起的黑烟。那镇静自若的模样让人以为战争和他没有关系。但是，有一次空袭警报解除后，大家一起吃饭庆祝劫后余生时，沈从文却又出人意料地号啕大哭："国家成了这个样子，人人只顾逃命，不能读书，不能工作……"他这一哭使得旁边坐着的朋友都不敢出声了，任由他将沉郁的情绪宣泄完毕。

除了担心轰炸影响学校的教学活动，影响学生成才，他还一直牵挂着千里之外的妻儿。1938 年年底，张兆和、沈岳萌和两个孩子终于在沈从文的期盼中来到了昆明，被战火阻隔了一年多的家人团聚了。他们与杨振声家、刘康甫家、金岳霖一起组成了一个大家庭，彼此之间相互照应。一度终止的教科书编撰工作又重新启动了，张兆和的妹妹张充和也加入了编辑的行列。沈从文任主编，负责选编小说，朱自清编散文，张充和编散曲，汪和宗负责抄写，他们分工协作，想尽量追回因战乱而失去的时间。

1939 年 6 月 27 日，联大常委会通过了聘请沈从文担任国文系副教授的决议，第二年，沈从文又被聘为教授。在联大，他一共开过三门课，分别是各体文习作、创作实习和中国小说史，这些课得到了学生们的认可与欢迎。虽然汪曾祺调侃沈从文的课“毫无系统”，但是同时肯定了沈从文备课时的认真和授课时的谦逊。他常常会从日常生活中选取题目，比如“我们的小庭院里有什么”，又比如“记一间屋子里的空气”。沈从文设置写作题目时的做法别具一格，虽然与传统的写作命题有较大的差别，但能够很好地培养学生观察生活、表达情感的能力，可谓用心良苦。在传授写作的具体方法时，沈从文总说：“要贴到人物来写。”“贴到”是湖南方言，意思是“贴近”“靠近”。简单言之，“贴到人物写”是指作家在写作时的态度，强调作家要用诚实、诚恳的态度写作，要和笔下的人物共同经历喜怒哀乐，写出人物的典型性格，写出真情实感。从这一点上来看，沈从文的创作观中包含着现实主义的成分。

他习惯于将“写作”说成“习作”。他和学生一起积极地进行习作探索，并最终达到了双赢的效果。学生的习作经过他的点评、修改和推荐获得了发表的机会，他则将相关文章集结成《从文小说习作选》发表。

在帮助学生修改习作时，沈从文总是不遗余力。有的时候，他在作业纸上留下的点评和批注比学生写的原稿还要长。他不仅尽心尽力地帮助学生改稿，提升写作技巧，还在战争年代经济普遍紧张的情况下，自掏腰包帮学生投稿。为了尽量缩减投稿产生的邮费，他总是把稿子的边缘全部裁掉，只留下写满了字的中间部分。那厚厚的一封封信件，不仅仅是学生的心血，更是老师对学生的爱。

情感是相互的，沈从文关爱着学生，学生也用同样的感情回报他。他每个星期有两天住在城里，只要他一回家，学生就纷纷上门请教，从早到晚，川流不息。他总是耐心地和学生交流，从不厌烦。久而久之，学生与他更亲近了。他的爱国思想和文学热情深深地影响着学生们，激励着他们在动荡不安的年代中继续追寻真理。林蒲曾动情地回忆沈从文给他带来的感触："我们中国大后方，甚至沦陷区，始终有如沈从文先生一类的明智人士，继续给我们指导。失土的收复，是迟早的事!"

与"战国策派"

1940年，沈从文因为参与《战国策》半月刊的编辑工作陷入了一段文学与政治的纷争中。这是他在昆明任教期间的一段小插曲。

《战国策》是联大教授林同济、陈铨、雷海宗等人创办的。他们都有在德国留学的经历，用战国时期类比当时的中国，认同尼采的超人哲学、权力意志，主张英雄崇拜，认为超出一般人的超人才能够推动时代的发展和社会的进步，而否定人民群众的力量。这种观点在一定程度上具有非理性倾向。

沈从文因为与林同济等三位是熟识的同事关系而参与《战国策》的编辑，但并不意味着他认同《战国策》的极端主张。1940年5月，陈铨发表了一篇名为《论英雄崇拜》的杂文，他在文中联系他对欧洲大战中局势的分析，认为信仰英雄主义对于德国锁定胜局具有十分重要的意义。他将这种结论联系到国内的战争局势之中，认为中国要取得抗日战争的胜利，也必须推倒民治主义，推行英雄主义。沈从文对于这一观点不但不认同，还立刻写了一篇批评文章，陈述了他对英雄主义的理解。他援引美国、英国的做法，提出真的领袖都有意将英雄崇拜情绪转移到娱乐或致用分子方面去。因为领袖也是一个人，不是神。领袖要与人相近，不要与人离远，要群众爱戴敬重他，不要群众迷信崇拜他。

同样值得关注的还有他在《战国策》上发表的其他文章，比如他在《谈家庭》中提到除了对女子有做贤妻良母的要求外，也应该告诉男子如何做一名模范的让女子满意的丈夫。只有这样男女间的对立矛盾才能以精诚合作的方式化解。此种论述简直可以和鲁迅较早时候在《我之节烈观》中的精妙驳论相媲美，也令人惊叹地预言了性别问题在今后很长一段时间都致力达成的和谐状态。

由此可见，沈从文对于英雄主义等问题的看

法与《战国策》半月刊的几位撰稿人截然不同，他秉持和信奉的仍是“不合时宜”的在“五四”高潮期流行的对民主、科学与人的关注。用机械的方法将他划入“战国策派”，实为对他的误读与曲解。

孤独的梦魇者

也许是因为被误读与曲解，也许是昆明的山水燃起了他的思乡之情，也有可能是有感于国家的深重苦难，1939—1940 年间的沈从文常常感觉到孤独与痛苦。他被一些无形的东西影响着，某种颜色，一些光束，甚至是一株花草都会在他脑海中留下一些挥之不去的痕迹。尽管家人、朋友和学生都陪伴在旁，他却感觉到一种难以名状的伤感。他一面咀嚼着孤独，一面又渴望清静，像一只离群的孤雁惦记着雁群，又不舍那一片深邃的天空。

他常常坐在小河旁的大石头上，看水石衔接处长出的粗密柔软的青苔，看长腿蜘蛛倒挂着从高处垂下，看即将枯萎的植被上倔强生长的小野花。他需要和自然亲近，只有与自然对话才能坚守自己的本心。

可太过亲近自然，湖边竹园里画眉的鸣叫又会使他感觉悲哀。就像《日出》里方达生用一声“竹�”唤醒了陈白露的记忆，却将陈白露引向了痛苦的深渊。那些和谐美妙的自然声色使他想起儿时的自由与畅快，再由此反观现实人生，只会感觉更加失意与悲凉。那个活泼得近乎顽皮的孩童，不知从哪一刻起就变成了一个身心俱疲的中年人。年轻时的梦想已经实现了，但他并没有多少成功的畅快，取而代之的是厌倦和消沉。在这种心境中，他留下了很多直剖内心的文字。

他看着写下的一切，总觉得很痛苦。他觉得自己的生命只剩一个空壳，像一个荒凉的原野。他感觉生命或灵魂都已破破碎碎，得重新用一种带胶性的观念把它粘起来，才能迎来新生。

在风景如画的彩云之南，他像一匹受伤的狼，在僻静处独自舔舐着伤口。在当时日趋艰难的战争形势中，哪一个爱国者又能泰然处之呢？

国民党的统治昏庸，各处机关中盛行着的官僚主义和形式主义；教师队伍混乱，在牌桌上消磨时光，麻痹自己；人民生活困苦，难民塞道，饿殍遍地，人命贱如蝼蚁。这些问题深深刺痛着沈从文，但他仍然相信一切由庸俗、腐败、小气、自私、市侩的人生观建筑的有形社会和无形观念，都可以用文字作为工具，去解构、重建。这种重建显然不是一蹴而就的，它最需要的就是时间。

第八章
在北京坚守

北京困兽

1945年8月15日，历史的车轮向前滚动了一大圈儿，战争结束了。可国内的现实状况有没有因此而改观呢？

1946年8月27日，沈从文回到了北京，继续在北京大学担任教授。距离上次离京已经九年，这次他的心境有了些许变化。尽管他还是在这座城市中感觉到陌生与孤独，却对于北京的人和事多了一种新的思考与认识。那时流行的一种说法是“南京是政治中心，上海是商业中心，北平是文化中心”。沈从文在一定程度上认可这种说法。他认为北京积攒了很大一部分中国历史中伟大的文物，这些文物如果利用得好便能激起青年的生命热忱，引导他们产生对民族深沉而庄严的爱，激发出重造社会和国家应有的野心。他认为对人民真正的教育，需要寄托在一种新的文学运动上。

为了切实地推动这种文学运动，他积极地投身到创作、教学和刊物编辑的工作中去了。1946年10月，他在《益世报·文学周刊》的编者言中将政客与作家进行比较，认为不能迷信“政治”，指出一个优秀的作家能通过创作帮助青年实现精神的消毒免疫，改变国家的命运。对于文学政治功用的有意放弃和批判使沈从文遭受了很多批评。11月3日和10日，他发表《从现实学习》回应他人从“不懂现实”的方面对他的批评，却又引起了更大的争议和分歧。12月21日至25日，一篇两万字的长文《沈从文批判》在上海《文汇报》连载发表，文中说沈从文充满了被时代遗弃了的作家的控诉和愤怒。12月29日，中华全国文艺协会上海分会批评文艺界的四种倾向，第一种就批评了以沈从文为代表的脱离现实、自命清高的文人。

一波未平一波又起，1947年1月18日，沈从文发表《新书业和作家》讨论作家和出版之间的问题。因文中提到了创造社的刊物出版问题，又引发了郭沫若的不满。郭沫若在之后发表的《拙劣的犯罪》中用“帮闲”“帮凶”“犯罪”等词语尖锐地予以批判。看到沈从文在各种论争中心力交瘁，汪曾祺、巴金和李健吾等几位和他走得较近的朋友都劝他不要再写杂文，专注于小说创作。于是，1947 年他发表了《巧秀和冬生》《传奇不奇》，却没想到这两篇小说是他最后的小说创作。朋友们对他小说创作的回归表示欣喜，但他已经无法从文学论争中抽身，他选择像一匹孤独的狼，在漆黑的旷野中嚎叫。

1947 年 4 月，他发表《性与政治》，谈论性与政治之间的关系，提出社会是有机的，时时处在生长变化之中，但人性却是不变的，是永恒的，他甚至认为经营政治比散布黄色刊物对青年人的影响更大；5 月发表《五四》论述青年与国家重造的关系，呼唤继承“五四精神”的年轻作家和优秀作品的出现；8 月发表《欢迎魏德迈》批评美国的对华政策，用“己所不欲，勿施于人”表达对美国的不满；10 月发表《一种新的希望》，发出“为了下一代”的呼声。他竭尽全力地在内战的背景下，用自己的方式思考着中国的出路问题。

“桃红色作家”的危机

沈从文在政治上不偏不倚的态度，终于在1948年掀起了一场更强烈的风暴。5月，郭沫若发表《斥反动文艺》，开篇便将《摘星录》《看云录》称为新式《金瓶梅》，将沈从文定义为“桃红色”作家，将他视为反动文人的典型代表。面对这样的批判，经历过众多论战的沈从文并没有重视，仍然如常地进行教学与写作工作。

1949年1月，国内的政治环境变得逐渐明朗起来。国民党的各级机关已经在推进赴台事项，他们努力动员在各行业有影响力的专家和学者去台湾。与此同时，共产党方面也在积极谋划。乐黛云等地下党员多次来到沈从文家，表达希望他留在北京的意愿，鼓励他用手中的笔写出新时代的华章。其实，不用他们动员，沈从文心里早已拿定了留在大陆的主意。尽管他主张文学与政治持有距离，却从没在政治倾向上朝国民党倾斜。他在内心计划着在文学创作方面大展拳脚，重建社会，重建文明。

可是，1949年1月，一批引用《斥反动文艺》的大字报和标语出现在北大校园。这使他感觉到与之前全然不同的危机。不久，他又收到了恐吓信件。在各种质疑、否定和批判声中，他内心痛苦、孤独、不安到了顶点，精神防线崩溃了，有了精神失常的倾向。

他在《绿魇》的末尾写上了一行字：“我应当休息了，神经已发展到一个我能适应的最高点上。我不毁也会疯去。”他反复告诉张兆和：“我很累，实在想休息了。”他又翻阅徐志摩的《爱眉小札》，在上面写下：“历史正在用火与血重写，生者不遑为死者哀，转为得休息羡。人生可悯。”这些文字让人脊背发凉。这些文字中的“休息”实为“死亡”之意。“累”“休息”等字眼频繁地出现在他的笔下。他的精神状态越来越糟糕。他有时很忧郁，有时又很开朗，有时立志改变自己，有时又否定自己，说不如死了算了。遗憾的是，这种反常的表现并没有引起张兆和的充分重视，单纯地以为他只是在宣泄情绪。在这段时间，他写下了带有自传和绝笔性质的《一个人的自白》和《关于西南漆器及其他》。

3月28日上午，他的情绪彻底失控，一场悲剧发生了。他用剃刀把自己的脖子和腕部割破，又喝了一些煤油。万幸的是，他的自杀行为被张兆和的堂弟张中和发现，没有酿成更大的祸端。经此一事，他已经无法再进行文学创作了。4月6日，身处精神病院中的沈从文预料到了自己的未来，认为搁笔是必然的，也是必须的。

学着毕业

因为北京大学已经取消了他的课程，北大博物馆又正在搬迁，沈从文便自愿加入了博物馆的筹备和布置工作中。他的精神状态还是不稳定，经常怀疑自己是不是又犯病了，似乎总在现实与幻觉中徘徊。他有的时候会想到张兆和，有的时候头脑中会浮现出丁玲，有的时候他又会和翠翠说话。6月，丁玲和何其芳来看望他。9月，巴金也来了。朋友们都鼓励他尽快恢复，振作精神为新社会服务。可他总疑心自己的精神状态，敏感于自己的脆弱与离群。他给丁玲写信，卑微地用“您”称呼昔日的密友。他说：“我已变了许多。

已尽了最大克制力，学习文件，联系自己。”他像抓住一根救命稻草一样地渴求张兆和与孩子的陪伴，说：“欲致我疯狂到毁灭，方法很简单，鼓励她离开我。”这时节，张兆和正在华北大学学习革命理论，两个孩子也已经上学，要跟上时代和家人的步伐就必须学习。

1950 年 3 月，沈从文进入华北大学学习政治，之后又成为华北人民革命大学（以下简称“革大”）政治研究院的第二期学生。这个曾自言进入了一个永远无法毕业的学校的“乡下人”在这段学习中对毕业充满了向往和憧憬。

在革大的主要学习任务是学文件，听报告，参加讨论和自我反思。这些学习内容是沈从文不熟悉、不适应的。学了半年后，他自我评价为“毫无进步表现”，考试总拿不到理想的成绩，又学不会扭秧歌和唱歌，唯一做得好的就是为人民服务——打扫厕所。大半年之后，沈从文终于拿到了毕业证书，获得了重新创作、重新投入鲜活生活的机会。当他拿起笔，想以在革大认识的几位厨师朋友为原型进行小说创作时，却总不成功，改了七稿仍不令人满意。

历史文物研究者

他以设计员的身份回到了博物馆。和文物打交道也是沈从文极感兴趣的事。在保靖时，他就曾居住在陈渠珍的文物收藏室里，感受古画、古籍和各种古代器物的魅力。初到北京时，他居住的酉西会馆就在北京有名的文物街琉璃厂附近。他曾长久地徘徊在各种文物店的门前，不敢进去仔细端详。如果不是黄村生将他从对文物的痴迷中拽走，说不定他已经成为一名文物店的小工。在云南时，工作之余他总会去集市上淘一些精美的宝贝。沈从文买文物之意不在文物，他总是将买来的文物研究清楚后就转手送给学生、朋友。青年学生们也总是借着看文物的幌子来他家中谈天……多年后，他又获得了贴近文物的机会，似乎生命的车轮兜了一圈儿，又压上了某道曾经出现过的碾痕。

在博物馆他主要负责两方面的工作，一是为各种展品贴标签，二是当讲解员。他尽心尽力地对待每一份工作，还曾花了几个月的时间撰写一本名为《从猿到人》的通俗读物，可惜并未出版。这时的沈从文已经坚定要进行古文物研究的想法，他要从石斧、青铜鼎、陶盆、瓷瓶、丝织物中找寻人生和社会的答案。他把钻研文学创作的劲头转移到探索文物的奥义中来了。他每天总是最早一个到博物馆，最晚一个离开。有时因为研究得太投入没有及时离场，还被反锁在库房里。

他如饥似渴地从头开始学习古文物知识，居然在看似无意义的贴标签、抄简介的过程中储备了大量的文物信息。他原本就善于学习、总结和归纳，久而久之，各类文物便在他头脑中形成了一个清晰的谱系图。他在文学创作之外，开创出一个全新的领域，并且攀上了文物研究的高峰，获得了业内的广泛认可。

沈从文受相关部门的委托，帮助上海师范学院、吉林民族大学等高校采购文物，采购的文物以优良的性价比得到了认可。他参与了“敦煌文物展”的布展工作，并在展览中为各国参观者讲解。他受邀去中央美术学院讲解中国古代丝绸、锦缎，如数家珍地将织物的发展史娓娓道来，征服了一大批听众。

讲解员

不过，他最喜欢从事的工作还是给青年人当

文物讲解员。在《凡事从理解和爱出发》一文中，沈从文细致地描述了他与参观者之间发生的故事。

事情的起因似乎是一群参观者在敦煌画室的壁画前踟蹰。沈从文看出了他们的好奇心便主动上前将展品简介上没有的内容说了些出来。这种做法激起了对方的求知欲，不仅耐心地听他讲解，还提出了不少问题。这种与参观者之间的交流让沈从文十分有成就感。因为听众们愿意听他讲解，并且听进去了。观赏完壁画，这群游客又对少有人问津的瓷器发生了兴趣，沈从文又耐心地为他们讲解瓷器。更让沈从文欣喜的事情出现了，这些参观者在讲解结束时向他说了谢谢。这声“谢谢”简直是对他最高的褒奖，因为这种无心机的同处，对他是有意义和价值的！

这个一度迷失在人生旅途中的落伍者，终于重新找到了人生的意义。他为小女孩解说，为乡村干部解说，为大学生解说，为美术学校的学生解说，为外国学联的联络员解说，为老大娘和解放军解说……他一面为他们解说，一面为他们着急，希望他们能学得更多、更深。在与参观者交流的过程中，他发现当时的国家有数不清的人渴望着学习，渴望着为国家效力。对汉代文物卓有研究的文物学家、考古学家孙机曾经谈到过沈从文对他的影响。他回忆沈从文一边吃着老豆腐，一边指着浮散的豆花对他说：“你看，绞缬①的效果就是这样的。”

《中国古代服饰研究》

受战乱影响，中国的文物研究曾长期落后于国外。一个比较典型的例子便是敦煌石窟中大量文物的外流，造成了难以估量的损失。周恩来亲自关心文物研究问题，提出要编制一部有中国特色的服装史，并指派沈从文负责著作的编写。沈从文对此高度重视，仅花了一年时间就完成了《中国古代服饰研究》的初稿。这是一部十分厚重的著作，初稿由两百余幅配图和二十余万字组成。它的出现，填补了古代服饰研究的空白。

受“文化大革命”的影响，《中国古代服饰研究》的出版一拖再拖。造反派认为该书是宣扬封建思想的毒草，沈从文因此而受到了批斗。他以前作品中的一些问题又被翻了出来，文学研究和文物研

① 绞缬是古代流行于民间的一种染色技术。

究的道路都走不通了。沈从文被派去从事体力劳动，做得最多的工作便是拔草、打扫厕所和守菜园。

在多重因素的影响下，1970 年在咸宁双溪接受改造的沈从文病倒了。1971 年，他的病情进一步加重，获准返回北京。

1971 年，《中国古代服饰研究》似乎又有了出版的希望。修改稿件交上去后却又是长达三年的沉默。1974 年，落满灰尘的书稿又回到了沈从文的手中。不少朋友、学生劝他放下："这书的出版没有希望了。"他却还是咬牙坚持。

"文革"结束后，新的转机出现了。1978 年，在胡乔木的关注下，沈从文被调到中国社会科学院历史研究所工作，开始对《中国古代服饰研究》做最后一次的校对、增补。1979 年 1 月，著作的修订、增补工作全部结束。1981 年 9 月，《中国古代服饰研究》由商务印书馆（香港）有限公司出版。

从 1963 年到 1981 年，多年的坚守终于浇灌出一朵璀璨的服饰研究之花。沈从文手捧著作却用极其谦卑的态度淡淡地说："我个人进行的工作，可能达到的目标，始终不会超过一个探路打前站小卒所能完成的任务。"

湘西精魂

1982 年 5 月，80 岁的沈从文又一次踏上了凤凰的土地。这爱热闹的老人，特意去五十里外的苗乡赶了一回场。他看着故乡的变与不变，发现最美的沅陵，那些清流、竹园、长滩、江水和水鸟已经保留在他的文字中了。

1988 年 5 月 10 日晚上，沈从文回到他用文字书写成的长河中去了。

一个士兵，要么战死沙场，要么荣归故乡。他回到了令他魂牵梦绕的湘西，长眠于沱江边的听涛山，日夜与他钟爱的山水和涛声相伴。后人采天然五彩石为他竖起了一块云朵状的墓碑。墓碑的正面留有他的手迹：“照我思索，能理解我；照我思索，可认识人。”墓碑的背面则刻着张充和撰写的挽联：“不折不从，星斗其文；亦慈亦让，赤子其人。”虽然这小兵没有做成将军，但他的成就并不亚于驰骋沙场的猛将。他弃武从文，向文学奉献出了整个生命，也让生命在文学中实现了永恒。曾经因“湘西乡下人”的身份而感到自豪的沈从文，终于成为湘西的精魂。